# 高寒区供水渠道突发险情应急调度与抢险技术

甘治国 王双银 龙岩 等 著

中国水利水电出版社
www.waterpub.com.cn
·北京·

## 内 容 提 要

本书共分为5章：第1章绪论；第2章是高寒区供水渠道水量-水质-水流多过程数值仿真技术研究；第3章是高寒区供水渠道风险识别与应急调度研究；第4章是高寒区渠道抢险技术与设备；第5章是结论。

本书主要面向应急调控、突发水污染处置等相关行业的教师和研究生以及长距离调水工程运行调度与管理领域的技术人员。

**图书在版编目（CIP）数据**

高寒区供水渠道突发险情应急调度与抢险技术 / 甘治国等著. -- 北京：中国水利水电出版社，2020.12
ISBN 978-7-5170-9306-0

Ⅰ.①高… Ⅱ.①甘… Ⅲ.①寒冷地区－渠道－堤防抢险 Ⅳ.①U61

中国版本图书馆CIP数据核字（2020）第269203号

| 书　　名 | **高寒区供水渠道突发险情应急调度与抢险技术**<br>GAOHAN QU GONGSHUI QUDAO TUFA XIANQING YINGJI DIAODU YU QIANGXIAN JISHU |
|---|---|
| 作　　者 | 甘治国　王双银　龙岩　等著 |
| 出版发行 | 中国水利水电出版社<br>（北京市海淀区玉渊潭南路1号D座　100038）<br>网址：www.waterpub.com.cn<br>E-mail：sales@waterpub.com.cn<br>电话：（010）68367658（营销中心） |
| 经　　售 | 北京科水图书销售中心（零售）<br>电话：（010）88383994、63202643、68545874<br>全国各地新华书店和相关出版物销售网点 |
| 排　　版 | 中国水利水电出版社微机排版中心 |
| 印　　刷 | 清淞永业（天津）印刷有限公司 |
| 规　　格 | 170mm×240mm　16开本　8.25印张　162千字 |
| 版　　次 | 2020年12月第1版　2020年12月第1次印刷 |
| 印　　数 | 0001—1000册 |
| 定　　价 | **48.00元** |

凡购买我社图书，如有缺页、倒页、脱页的，本社营销中心负责调换

**版权所有·侵权必究**

# 前　言

　　水资源分布不均匀性与人类社会需水不均衡性的客观存在使得长距离输水成为必然。而在长距离输水工程的水动力学模型中，以 MIKE 模型和 HEC-RAS 模型应用最为广泛。以北疆供水渠道为代表的此类带状工程线路长、海拔高，穿越茫茫沙漠与戈壁，大多面对极端寒冷、异常干旱、复杂地质环境等恶劣的自然条件，工程结构安全受到极大威胁。输水工程涉及众多大型输水建筑物，包括箱涵、倒虹吸、渡槽等，这些建筑物结构一旦遭到破坏或失事，将严重影响工程正常运行，造成社会、经济、民生等多方面损失。在预警发生后，对供水工程进行及时的现场溯源和风险追踪，是采取措施进行灾后恢复和降低损失的前提。然而，传统的人工风险追踪方式存在诸多不足。事实上，工程多方面信息的综合集成能够有效辅助决策判断和增强信息协同，例如，集成的安全监测开合度数据能够帮助工程师判断当前发现的渗水状况的严重程度。又如，输水建筑物的几何尺寸及材料特性等信息有助于工程师对灾害的演化趋势进行预测。加上当前信息技术和硬件设备的发展为解决上述挑战提供了新的解决方案。基于此，本书开展了高寒区供水渠道突发险情应急调度与抢险技术研究。

　　作者根据我国环境保护工作及水污染治理工作发展的实际需要，结合实践经验，按照国家有关法规、标准、技术导则和最新学科研究成果，撰写了此书。

　　全书以突发水污染控制为核心，注重理论与实验相结合，针对突发事件风险因素追踪需求和方案，基于工程现状监测站网，结合无线传感器网络、建筑信息模型和"天地"一体化等先进监测方法，在高寒区供水渠道建立一个多平台协同监测和多源数据融合的应急监测系统，并在多源数据融合基础上，对模型进一步率定，实现突发事件风险因素的连续在线追踪；在输水渠道工程带来巨大社会经济效益的同时，渠道自身也在承受着病害老化和超设计供水的危机。同时针对北疆供水工程未设置排水体系，渠床土体易软化，导致渠道衬砌破坏等突发险情，亟须快速抢修设备的需求，研发了快速施工机械设备。全书力求通俗易懂，简明实用，既有理论分析，又有案例分析。

参加本书撰写的主要人员有甘治国、龙岩、朱杰、权锦、蔡思宇、廖卫红、王双银、陈勃文、卢震林、胡昌伟、郑敬伟、王超、梅林、高黎辉等。

本书的研究工作得到了国家重点研发计划课题"高寒区供水渠道突发险情应急调度与抢险技术"（2017YFC0405105）、国家科技重大专项课题"多水源格局下城市供水安全保障技术体系构建"（2017ZX07108-001）、十三五重点研发计划课题"河流、河口污染的溯源与治理规划"（2017YFC0406004）等项目的资助，同时，本书编写过程中参考了许多研究者的有关成果，在此一并致谢。

限于编者水平和时间，书中不足之处在所难免，恳请读者批评指正。

作者

2020 年 9 月

# 目 录

前言

**第1章 绪论** ·················································································· 1
    1.1 调水工程概况 ········································································ 1
    1.2 突发事件应急调度与抢险技术研究进展 ································· 7
    1.3 主要研究内容 ······································································· 11

**第2章 高寒区供水渠道水量-水质-水流多过程数值仿真技术研究** ········· 12
    2.1 渠道一维数值模型构建 ························································ 12
    2.2 模型率定 ············································································· 23
    2.3 率定结果及参数取值 ···························································· 40
    2.4 本章小结 ············································································· 44

**第3章 高寒区供水渠道风险识别与应急调度研究** ····························· 45
    3.1 高寒区供水渠道风险因子识别 ·············································· 45
    3.2 高寒区供水渠道典型突发险情模拟 ······································· 77
    3.3 抢险应急救援 ······································································ 98
    3.4 本章小结 ············································································ 103

**第4章 高寒区渠道抢险技术与设备** ··················································· 104
    4.1 高寒区渠道抢险修复工作特点 ············································· 104
    4.2 高寒区渠道抢险及修复技术 ················································ 105
    4.3 修复材料特性研究 ······························································ 111
    4.4 本章小结 ············································································ 117

**第5章 结论** ··················································································· 118

参考文献 ·························································································· 120

# 第1章 绪　　论

## 1.1 调水工程概况

水是地球上最丰富的一种化合物。全球约有 3/4 的面积覆盖着水,其中 96.5% 分布在海洋,若扣除无法取用的冰川和高山顶上的冰冠,以及分布在盐碱湖和内海的水量,陆地上淡水湖和河流的水量不到地球总水量的 1%,而且分布不均。约 65% 的水资源集中在不到 10 个国家,而约占世界人口总数 40% 的 80 个国家和地区却严重缺水。据联合国公布的统计数据,全球目前有 11 亿人生活缺水,26 亿人缺乏基本的卫生设施。由于地球上人口分布与淡水资源分布不成比例,加上水资源污染和使用过程中的浪费,世界上许多国家和地区存在着淡水资源紧张的情况。随着经济的不断发展,人们对淡水的需求不断增加,2025 年,淡水资源紧缺将成为世界各国普遍面临的严峻问题。

全球淡水资源不仅短缺而且地区分布极不平衡。按地区分布,巴西、俄罗斯、加拿大、中国、美国、印度尼西亚、印度、哥伦比亚和刚果 9 个国家的淡水资源占世界淡水资源的 60%,而约占世界人口总数 40% 的 80 个国家和地区的人口面临淡水不足,其中 26 个国家的 3 亿人口完全生活在缺水状态。预计到 2025 年,全世界将有 30 亿人口缺水,涉及的国家和地区达 40 多个。

我国水资源的总量比较丰富,居世界第 6 位,但人均占有量为 $2.2 \times 10^3 \text{m}^3$,仅为世界平均水平的 1/4,是全球 13 个人均水资源最贫乏的国家之一(张春玲等,2013)。而且我国水资源分布不均匀,北方地区地多水少,南方地区地少水多(郦建强等,2011)。到 20 世纪末,全国 600 多座城市中,已有 400 多个城市存在供水不足问题,其中比较严重缺水城市达 110 个,全国城市缺水总量为 $6 \times 10^9 \text{m}^3$;我国各区域缺水情况见表 1.1。

表 1.1　　　　　　　　　　我国各区域缺水情况

| 区　域 | 人均水资源量/(m³/人) | 缺水程度 |
| --- | --- | --- |
| 全国 | 2230 | 接近中度缺水 |
| 松花江区 | 2333 | 轻度缺水 |
| 辽河区 | 909 | 严重缺水 |

续表

| 区　域 | 人均水资源量/(m³/人) | 缺水程度 |
| --- | --- | --- |
| 海河区 | 293 | 极度缺水 |
| 黄河区 | 647 | 严重缺水 |
| 淮河区 | 497 | 极度缺水 |
| 长江区 | 2246 | 轻度缺水 |
| 东南诸河区 | 2899 | 轻度缺水 |
| 珠江区 | 3193 | 不缺水 |
| 西北诸河区 | 4463 | 不缺水 |

从工业革命至今，随着全球人口增长、工农业发展以及城市化进程加速，许多地区的淡水资源已经是"供不应求"，而水资源的污染更加剧了供需之间的这种矛盾，使得调水工程成为必然。调水工程又称跨流域调水工程（Editors B. 等，2001；Biswas A. K.，1991；陆雪明等，2004），是在两个或两个以上的流域系统之间通过调剂水量余缺所进行的水资源综合配置和利用的工程。这些已建或在建的输水工程大多数取得了显著的经济效益、社会效益和环境效益，为减缓受水区水资源严重短缺的危机提供了有力的支持。同时，在经济相对落后地区，输水工程的发展不仅推动受水区经济发展、改变当地贫困落后的状况，同时也改善生态环境，促进社会安定团结（陈进等，2006；郭潇等，2008；Zhao Z. Y. 等，2015）。

在预警发生后，对供水工程进行及时的现场溯源和风险追踪，是采取措施进行灾后恢复和降低损失的前提。然而，传统的人工风险追踪方式存在以下不足：首先，人工追踪效率低，难以覆盖长距离供水工程的全线；其次，发现异常情况后，传统追踪方式缺乏有效直观的工程信息来辅助决策。事实上，工程多方面信息的综合集成能够有效辅助决策判断和增强信息协同，例如，集成的安全监测开合度数据能够帮助工程师判断当前发现的渗水状况的严重程度。又如，结构物的几何尺寸及材料特性等信息有助于工程师对灾害的演化趋势进行预测。

当前信息技术和硬件设备的发展为解决上述挑战提供了新的解决方案。使用无人机搭载各类传感器进行安全巡检能够大大提高检测效率和覆盖性，其已广泛应用于电网巡检、工程管理等领域。建筑信息模型（Building Information Modeling，BIM）将工程全生命周期中的各方面信息与三维数字模型关联，以可视化的方式实现了对工程信息的集成管理。将无人机、BIM 以及工程现有安全监测物联网结合应用，可同时发挥无人机在巡检效率方面的优势和 BIM 在信息集成可视化方面的优势，为渠道风险追踪的精细化、智能化和高效化发展提供了有效途径。

风险下的水动力模型可有效模拟风险发生时输水系统的变化情况，尤其是系统内水流的变化，对于保障输水系统安全具有重要意义，目前风险下输水系统水流特征的研究集中在洪水风险和突发污染风险上：Tsanis（1996）基于水动力模型，模拟洪水情况下污染物是否被带入了水体，模型成功应用于克雷公园码头；Dutta 等（2010）建立了一维河流水力学模型和二维地表径流模型，用来模拟湄公河下游洪水淹没情况；田福星（2014）建立了可模拟包括冰塞冰坝河道壅水导致的漫堤、洪水淹没影响、洪水导致的溃堤风险的河道—泛区二维动态耦合水动力数值模型；高学平（2007）等建立了引黄济津调水工程水质模型，模型可模拟污染物浓度峰值的变化情况，据此可分析污染物的输移扩散及降解转化规律；陈炼钢等（2014）构建了资料要求低、计算简便且具有物理机制的、基于污染物通量演算的区间入河污染负荷估算的一维与二维嵌套、分块组合的闸控大型河网水文-水动力-水质耦合数学模型。

### 1.1.1 国内外调水工程

#### 1.1.1.1 国外调水工程

据不完全统计，目前世界已建、在建和拟建的大规模、长距离、跨流域调水工程已达 160 多项，分布在 24 个国家。其中已建的调水工程调水量较大的是巴基斯坦西水东调工程，年调水量 148 亿 $m^3$；距离较长的是美国加利福尼亚（简称"加州"）北水南调工程，输水线路长 900km，调水总扬程 1151m，年调水量 52 亿 $m^3$。

美国已建的跨流域调水工程超过 10 项，主要为灌溉和供水服务，兼顾防洪与发电，年调水总量达 200 多亿 $m^3$，除加州最大的北水南调工程外，其他较重要的调水工程还有科罗拉多—大汤普森工程、中央河谷工程、中部亚利桑那工程等。

苏联已建的大型调水工程达 15 项之多，年调水量达 480 多亿 $m^3$，主要用于农田灌溉。这些工程中较著名的有：伏尔加—莫斯科调水工程、纳伦河—锡尔河调水工程、库班河—卡劳斯河调水工程、瓦赫什河—喷什河调水工程、北水南调工程等。

加拿大已建调水工程的 80% 主要用于水电。1974 年动工兴建的魁北克调水工程，引水流量 1590$m^3$/s，总装机容量达 1019 万 kW，年发电量 678 亿 kWh。该国其他著名调水工程有丘吉尔河—纳尔逊河、奥果基河—尼比巩河工程等。

澳大利亚为解决内陆的干旱缺水，1949—1975 年期间修建了第一个调水工程——雪山工程，该工程位于澳大利亚东南部，运行范围包括澳大利亚东南部 2000km² 的地域。该工程总投资 9 亿美元，主要工程包括 16 座大坝、7 座电站、2 座抽水站、80km 输水管道、144km 隧道。

法国为了满足灌溉、发电和供水需要，于 1964 年动工兴建了迪朗斯—凡尔顿调水工程。工程于 1983 年建成，设计灌溉面积 6 万 hm²，年发电量 5.75 亿 kWh，并供 150 万人饮水。此外，法国还有勒斯特—加龙河等调水工程。

印度的调水始于灌溉调水，已完成的有：恒河区工程，灌溉面积 24 万 hm²；北方邦拉姆刚加河拉姆刚加坝至南部各区工程，灌溉面积 60 万 hm²；巴克拉至楠加尔工程，灌溉面积 160 万 hm²；纳加尔米纳萨加尔工程，灌溉面积 80 万 hm²。调水灌溉给这些地区带来了生机，产生了巨大的效益。

#### 1.1.1.2 国内调水工程

我国是世界上从事调水工程建设最早的国家之一。新中国成立以来特别是改革开放以后，为解决缺水城市和地区的水资源紧张状况，我国陆续建设了数 10 座大型跨流域调水工程。这些调水工程大都分布在东南沿海和西北地区，其中 20 世纪 70 年代以前修建的调水工程多以农业灌溉为主要目标。随着国民经济和社会的飞速发展，许多城市水资源相对稀缺程度加剧、水污染严重，因此后期上马的调水工程多以城市生活和工业用水为主，而且原来许多以农业灌溉为主的工程也逐步让位于城市供水。较为典型的当属引滦入津、江水北调、引黄济青、南水北调、引黄入晋、引江济太、引大入秦工程、东阳义乌调水等调水工程，下面列举几个典型工程。

**1. 引滦入津调水工程**

引滦入津调水工程是目前我国华北地区规模最大的跨流域调水工程。工程从滦河干流中游引水至天津市，以满足天津城市生活、工业和蔬菜基地供水的需要，设计年引水量 10 亿 m³。引滦入津工程主要包括两部分：引滦枢纽工程和引滦入津输水工程。

引滦枢纽工程由潘家口水利枢纽、大黑汀水利枢纽和枢纽分水闸三部分组成。引滦入津输水工程输水线路总长 234km，沿途设三级泵站和两座调蓄水库。引滦入津调水工程于 1983 年建成通水。

引滦入津工程的建成，结束了天津市中心城区和部分城镇居民近百万人长期喝苦咸水、高氟水的历史，大大提高了人民群众生活质量；缓解了城乡用水矛盾，改善了投资环境，为天津市的经济发展提供了极为重要的物质基础；减少了地下水开采，有效控制了地面沉降，美化了城市生态环境，提升了城市文化品位。

**2. 江水北调工程**

江水北调工程是江苏省的一项大型跨流域调水工程，也是南水北调东线规划中的先期工程。工程以长江北岸的江都和高港水利枢纽为起点，通过抽提和自流方式引取长江水至苏北里下河地区和淮北灌区，以满足苏北地区农业灌溉、滩涂开发和生活工业用水需求。

工程以农业灌溉为主,主要分为两部分:一是东引部分,利用泰州引江河、新通扬运河两条渠线引水,以自流灌溉为主,其中于1999年完成的泰州引江河一期工程引水规模为300m³/s;二是北调部分,以京杭大运河、泰州引江河和徐洪河为主要输水线路,利用洪泽湖、骆马湖和微山湖的调节作用,从长江引水,形成长约400km的调水线路,一级抽江规模为400m³/s。

**3. 引黄济青调水工程**

引黄济青调水工程是从黄河引水向山东省沿海旅游城市青岛市供水的大型调水工程。工程主要向青岛城市生活和工业供水,并兼顾沿途部分农业用水,设计年引水量2.43亿m³。引黄济青工程从黄河下游滨州市附近的打渔张引黄闸取水,经13km的引水渠和沉沙池后,再经过253km的明渠送水至棘洪滩水库。输水线路沿途建有5座提水泵站,总装机2.192万kW。该工程于1986年开工建设,1989年建成通水,棘洪滩水库以上调水工程总投资7.67亿元,净水厂、干管工程投资1.89亿元。

**4. 南水北调工程**

从20世纪50年代提出"南水北调"的设想后,经过几十年研究,南水北调的总体布局确定为:分别从长江上、中、下游调水,以适应西北、华北各地的发展需要,即南水北调西线工程、南水北调中线工程和南水北调东线工程。

南水北调总体规划推荐东线、中线和西线三条调水线路。通过三条调水线路与长江、黄河、淮河和海河四大江河的联系,构成以"四横三纵"为主体的总体布局,以利于实现我国水资源南北调配、东西互济的合理配置格局。规划的东线、中线和西线到2050年调水总规模为448亿m³,其中东线148亿m³,中线130亿m³,西线170亿m³。

(1)东线工程。利用江苏省已有的江水北调工程,逐步扩大调水规模并延长输水线路。东线工程从长江下游扬州抽引长江水,利用京杭大运河及与其平行的河道逐级提水北送,并连接起调蓄作用的洪泽湖、骆马湖、南四湖、东平湖。出东平湖后分两路输水:一路向北,在位山附近经隧洞穿过黄河;另一路向东,通过胶东地区输水干线经济南输水到烟台、威海。

(2)中线工程。从加坝扩容后的丹江口水库陶岔渠首闸引水,沿唐白河流域西侧过长江流域与淮河流域的分水岭方城垭口后,经黄淮海平原西部边缘,在郑州孤柏嘴山湾处穿过黄河,继续沿京广铁路西侧北上,可基本自流到北京、天津。

(3)西线工程。在长江上游通天河、支流雅砻江和大渡河上游筑坝建库,开凿穿过长江与黄河的分水岭巴颜喀拉山的输水隧洞,调长江水入黄河上游。西线工程的供水目标主要是解决涉及青、甘、宁、内蒙古、陕、晋等6省(自治区)黄河上中游地区和渭河关中平原的缺水问题。结合兴建黄河干流上的骨干水利枢纽工程,还可以向邻近黄河流域的甘肃河西走廊地区供水,必要时也可相机向黄河下游补水。

### 1.1.2 北疆供水工程

新疆北疆供水工程(图 1.1)位于新疆维吾尔自治区的北部,是为解决乌鲁木齐经济区及沿线生态用水的长距离大型供水工程。工程为大(1)型Ⅱ等工程,主体工程由隧洞、倒虹吸、渠道、水库等组成。工程于 2001 年 9 月开工建设,2005 年 9 月建成通水。工程总投资为 56.6 亿元,完成水土保持投资 1.4 亿元。

北疆供水工程一期一部工程北疆供水工程起自"635"水库。渠线总长 136.34km,设计引水流量 50~60m³/s;加大引水流量 60~70m³/s。后经顶山分水枢纽闸分水,向南经 376.5km 南干渠至"500"水库。

北疆供水一期二部工程是在已建成的一期一部工程基础上,对总干渠和南干渠进行扩建,提升供水能力。

图 1.1 北疆供水工程

工程所在地区属大陆北温带及寒温带。根据气象站实测资料,多年平均气温 3.4℃,最高气温 39.6℃,最低气温 -42.70℃,多年平均降水量 112.70mm,多年平均蒸发量 1844.40mm,多年平均雷暴日 22.2 天,最大积雪深度 0.28m,最大冻土深度 1.50m,多年平均日照时数 2890h,多年平均无霜期 146 天。从上述气象特征可见,该工程每年的施工期短,而且夏季短历时暴雨供水对施工及运行都有一定的影响。

总干渠渠道分两期建设,引额济克阶段渠道设计流量 68m³/s,加大设计流量 75m³/s,最终规模渠道设计流量 105m³/s,加大设计流量 120m³/s。

渡槽的设计洪水标准为 50 年一遇洪水,校核洪水标准为 200 年一遇洪水;

蓄洪库、纳洪口、排洪涵洞、排洪渡槽设计洪水标准为30年一遇洪水，校核洪水标准为50年一遇并按100年一遇洪水符合纳洪口、排洪涵洞的过水能力；防洪堤设计洪水标准为20～30年一遇洪水。总干渠沿线地震基本烈度为Ⅵ度，对主要建筑物按Ⅵ度考虑抗震措施。

2016年4月23日10：00总干渠进水闸开启，9月11日12：00关闭，9月12日供水运行结束，安全运行143天。

## 1.2 突发事件应急调度与抢险技术研究进展

跨流域调水工程中，水质安全是输水工程发挥经济效益和社会效益的重要保障。但是近年来突发水污染事件发生频繁，不仅给环境带来不可估量的影响，还对社会和经济发展带来威胁，引发了人们对输水工程用水安全的担忧。自进入21世纪以来，我国进入了城市化快速发展的阶段，环境压力越来越大，环境突发事件频繁发生。在突发环境污染事件中，其中发生频率最高的就是突发水污染事件（张佩，2015）。根据相关学者近几年来对环境突发事件的统计可知（安莹等，2012；刘洪喜，2009），自从2005年发生松花江特大水污染事件之后，基本上平均每两天发生一起环境突发污染事件，其中约70%的环境污染事件为突发水污染事件。由于水是人们生活不可缺少的资源，水污染事件带来的影响巨大；因此水环境问题引发的群体性事件呈显著上升趋势，引起国内外广泛关注。根据2007—2015年的《中国环境状况公报》中公布的数据，统计了自2007年以来，国家环境保护部每年接到上报并直接调度处置的突发环境污染事件及突发水污染事件所占的比例，结果见表1.2。

表1.2 2007—2015年环境保护部直接调度处置的突发环境污染事件

| 年份 | 环境保护部直接调度处置的突发环境事件/件 | 突发水污染事件/件 | 突发水污染事件所占突发环境事件比例/% |
| --- | --- | --- | --- |
| 2015 | 82 | 36 | 43.9 |
| 2014 | 98 | 60 | 61.2 |
| 2013 | 68 | 31 | 45.2 |
| 2012 | 33 | 30 | 90.9 |
| 2011 | 106 | 39 | 36.8 |
| 2010 | 156 | 75 | 48.1 |
| 2009 | 171 | 82 | 48.0 |
| 2008 | 135 | 74 | 54.8 |
| 2007 | 110 | 34 | 30.9 |

由表 1.2 可以看出，突发水污染事件一直在突发环境事件中占重要地位。近年来，随着人们对环境保护意识的加强和国家环保力度的加大，突发环境事件得到一定的控制，但是水污染事件所占的比例仍比较大。由于水是人类生活、生产不可缺少的资源，因此在众多环境突发污染事件中，突发水污染事件的影响是最大的，它不仅给人类带来巨大的经济损失，还给社会秩序的稳定和生态环境发展带来不可估量的损失（韩晓刚，2010）。典型的案例有 2004 年黄河包头段挥发酚特大水污染事件、2005 年松花江特大突发苯污染事件、2011 年新安江苯酚泄漏事件、2012 年广西龙江镉污染事件以及 2013 年的山西浊漳河苯胺泄漏事件等（陶亚，2013）。一般在发生突发水污染事件时，不仅会向水体中排放大量的有毒有害物质，快速地造成水体水质的恶化，同时由于水的性质，还会对周边的土壤、大气以及动植物带来不可预计的危害。因此，突发水污染事件带来的危害和损失巨大，需要合理有效的方针和措施进行防治和治理。

随着我国调水工程的不断增多，以及突发水污染事件的频繁发生，如何快速有效地调控处理突发水污染事件成为一个客观现实的问题。而由于调水工程输水线路长、沿线控制建筑物众多、要求实行不间断供水等特性，调度和控制都十分复杂（韩延成，2007）。当发生突发水污染事件，如果处理不合理、不及时，不仅会对输水渠道造成危害，还会给人类和社会带来经济和环境的巨大灾难（朱德军，2007）。因而对调水工程突发水污染事件，研究应急调控体系的建立是非常重要的。

### 1.2.1 调水工程中突发事件仿真模拟研究进展

明渠非恒定流的研究主要有理论分析、原型观测、物理模型和数值模拟 4 种方法（张成，2008），在具体应用中 4 种方法可联合应用，且随着数学方法和计算机技术的发展，数值模拟取得了重大进展，非恒定流的研究问题成了求解水力学方程数值解的问题，研究集中在寻求水动力学方程的优化解法及建立模拟软件两方面。

### 1.2.2 调水工程中突发事件风险识别研究进展

风险识别是对突发水污染事件识别和分析潜在损失的可能性和严重性的过程。风险识别的方法有很多种，包含定性分析、半定量分析计算和定量计算（Banumol W. J. 等，1988；陈述云，2003；Montague D. F.，1990）。许多学者运用 AHP 方法构建突发水污染事件风险评价模型；Jiang 等（2012）利用 GIS 技术，构建一个实时风险评价框架，可预测污染物传播时间、浓度等；Jing 等（2013）将 AHP 与 Monte Carlo Simulation 相结合对非点源污染进行有效的控制和管理；Hou 等（2014）利用 AHP 判断污染事件的影响程度，确定突发水污染事件的风险级别；Zhang 等（2015）根据通州地区的特点，采用 AHP 方法建立突发水污染事件预警系统；庞振凌等（2008）应用 AHP 通过季节 4 因素（春、夏、秋、冬）和 6 项理化指标（透明度、总磷、总氮、COD、BOD 和叶绿素）对水质进行综合评价，并且得到 AHP 分析结果与实际基本相符。我国已经在理论研究和风险识别的实际应用中取得了一定的成果。如逄勇等（2009）建立了广西柳州市柳南水厂水源地风险等级判别模型，计算得到柳南水厂取水口的风险等级，为该地区环境风险评价和管理提供了技术支撑。Zhang 等（2015）结合 AHP 方法针对通州地区建立了突发水污染预警体系。Cheng 等（2010）应用模糊综合评价方法对水库水污染事件做出了紧急规划评估研究。虽然早期预警系统和环境风险评价在最近几年发展迅速，仔细分析可知，这些系统中仍有一些局限性。具体来说：①这些系统主要研究正常输水情况下污染物的扩散和环境风险评价，忽略了调控过程中污染物扩散规律的研究；②在环境风险评价中，这些系统主要考虑的是污染事件本身的影响，没有考虑应急调控中产生的影响；③在环境风险评价中，这些系统主要是通过不同指标的权重确定污染事件的风险等级，缺乏整体性。前人在突发水污染事件风险等级确定中主要考虑水污染事件带来的影响，缺少对事件调控过程产生影响的整体考虑。

水环境风险识别指评估水环境系统的质量状态超过给定的水环境质量标准控制限值的程度及其发生概率，并提出相应管理对策的过程。水环境风险评价是水环境风险管理的重要组成部分，直接关系到区域水环境安全系统和经济社会系统的正常运行。前人在突发水污染事件风险等级确定中主要考虑水污染事件带来的影响，缺少对事故调控过程产生影响的整体考虑。

### 1.2.3 调水工程中突发事件应急调度及抢险技术研究进展

1. 突发水污染事件应急处理技术研究进展

在突发水污染事件应急处理技术上，国内外主要都是利用计算机、无线通信等现代化手段，通过计算机编程与 GIS 界面结合，构建突发水污染事件的预警系统。1992 年，法国开发出一个称为"Seans"的软件包，该软件包可以为突发水污染事件提供应急决策支持。1994 年，Desimone 等（1994）在溢油事件过程的模拟、应急计划的评估中引用了人工智能和模式识别技术，能够辅助决策者快速有效地选择处理设施以及人员配备。近几年来，国内学者在应急处理技术方面的研究也取得很大进步。如王凤林等（2000）探讨了在 VB 集成环境下，用 MapBasic 语言、SQL 语言以及 DAO 来实现 MapInfo 电子地图上的空间数据处理技术；江永平（2002）介绍了综合应用一些高新技术成果，实现了指挥中心对污染现场的远程指挥和信息快速传输；冯文钊等（2004）通过对系统设计、数据库设计、系统实施、系统功能等方面的介绍，提出了一种新的突发性环境污染事件预警、应急监测和处理方法；吴小刚等（2006）针对我国突发性水资源污染事件应急机制相关问题展开讨论；钟名军等（2005）表明了可将数学水环境系统和数字水质预警预报系统的GIS模块、专业模块、中间件技术及其他模块进行组建，并结合相关设计和建模开发出数字水环境管理系统和数字水质预警预报系统。

2. 高寒区渠道抢险技术与设备

高寒区长距离供水工程渠道通常位于高海拔、严寒气候的无人区，所处区域环境恶劣，这使得输水渠道在发挥巨大效益的同时，也饱受老化和病害困扰。根据我国水利行业大量统计数据及研究资料，地基土冻融作用产生的破坏是北方寒冷地区渠系工程的主要破坏形式。在冻融作用影响下，渠基土体的强度、渗透性等将发生显著改变，在宏观尺度下表现为变形，而渠道结构物因厚度小、自重轻而对地基土的劣化过程十分敏感，极易出现冻融破坏、渗漏、滑坡、垮塌等各类险情。同时，一些渠段存在管理薄弱、工程老化、应对突发事件应急保障能力薄弱等诸多问题，出险甚至渠道决口事故时有发生。

党和国家高度重视水工程建设及水安全保障工作。2019年全国水利工作会议指出了当前和今后一个时期水利改革发展总基调，即将工作重心转到"水利工程补短板、水利行业强监管"上来。

供水工程的功能决定了对渠道过水断面、衬砌表面平整度、渠道输水能力、水质保护等都有严格要求，这就需要建立应急系统来保障其通水保证率。但从目前国内外研究现状和实践情况来看，供水渠道的主要的安全保障措施和研究方向仍是现场监测、预警，以及安全综合评价等，渠道的险情处置工作往往得不到重视，当前也缺乏专门针对渠道险情处置工作的标准。然而，作为区域水资源配置工程，运行期内的高寒区渠道一旦出现险情，将直接威胁输水安全，从而对区域工农业生产，乃至区域社会经济稳定造成重大影响。另外，近年来，气候变化对我国水工程、水安全的影响越发深刻。表现在：①我国北方水资源短缺问题更加突出；②全球变暖将加速水循环过程，极端天气、局部强降水事件发生概率显著增加。在这一背景下，高寒区渠道的除险保障需求将越发显著。

面对新形势、新要求，在重视安全监控和评价研究的同时，也要重视渠道险情处置工作。本书在系统总结渠道及类似水工程抢险技术、装备的基础上，针对高寒区渠道险情特征，集成创新，提出高寒区渠道抢险方法、工艺、装备，为进一步提升高寒区渠道风险应对能力提供科技支撑。

## 1.3 主要研究内容

本课题将在国内外现有研究的基础上，针对突发事件风险因素追踪需求和方案，基于工程现状监测站网，结合无线传感器网络、建筑信息模型和"天地"一体化等先进监测方法，在高寒区供水渠道建立一个多平台协同监测和多源数据融合的应急监测系统，并在多源数据融合基础上，对模型进一步率定，实现突发事件风险因素的连续在线追踪。

针对新疆的水资源问题，20世纪90年代末期相继开工建设了一批长距离输水渠道工程和调节水库。例如，1997年开工建设、2000年开始运行的北疆输水工程总干渠；2001年开工建设、2005年开始运行的北疆输水工程南干渠。目前，新疆境内已经建设完成的长距离输水渠道工程超过1000km，极大地缓解了水资源分布不均的矛盾。在输水渠道工程带来巨大社会经济效益的同时，渠道自身也在承受着病害老化和超设计供水的危机。同时针对北疆供水工程未设置排水体系，渠床土体易软化，导致渠道衬砌破坏等突发险情，亟须快速抢修设备的需求，研发了快速施工机械设备。

# 第2章 高寒区供水渠道水量-水质-水流多过程数值仿真技术研究

本章在构建水量、水质、水流模型的基础上,通过对渠道的正常工况进行模拟,检验模型在具体工况下计算精度,确定模型的参数取值,并以此模型为基础,对不同复杂工况的水力响应特征进行模拟,为渠道的应急调度措施提供数据支持。

高寒区供水渠道水量-水质-水流多过程数值仿真的技术路线如图 2.1 所示。

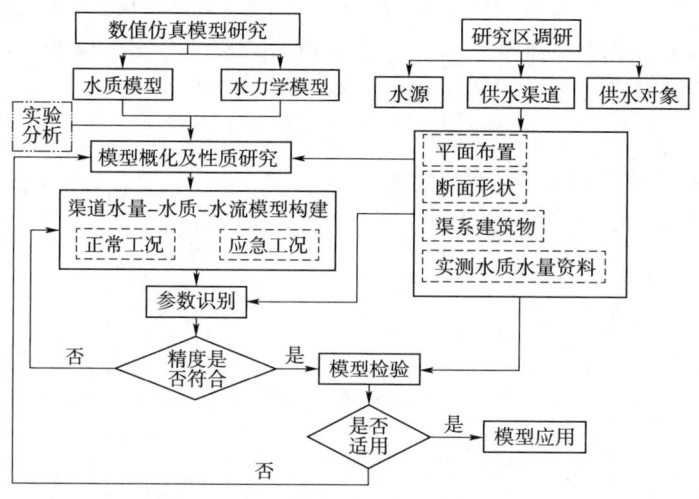

图 2.1 多过程数值仿真技术路线图

## 2.1 渠道一维数值模型构建

### 2.1.1 数值模型框架

水动力模型构建需要准备的数据包括渠道和建筑物位置、渠道断面数据、模型边界水流及水位实测数据、水工建筑物设计参数及调度运行规则,以 Abbott 六点隐式差分法对圣维南方程离散,并利用追赶法求解。在此基础上加入对流扩散模块,建立渠道水质模型,根据水动力模块的水量水流条件,采用对流扩散方程，对水体中的可溶性物质和悬浮物质进行计算，模拟污染物的运移及扩散过程。

### 2.1.2 水动力模型原理

对于明渠水量水流的研究，18世纪70、80年代，拉普拉斯和拉格朗日就开始了明渠非恒定流的研究，拉格朗日的浅水波波速公式促进了非恒定流的研究，1871年圣维南提出的浅水波新的波速公式和明渠非恒定流的理论和"圣维南公式"奠定了非恒定流数值模拟的基础；此外，H. L. 帕梯奥特采用直接观察的方法研究河口潮波的运动规律，拉塞尔和巴津进行了渠道水波运动实验，研究波浪及波速变形理论和公式，布西内斯进行了波浪理论的推导来研究非恒定流公式（K. 麦赫默德等，1987）。

20世纪70年代，已经开始出现非恒定流数值模型，例如丹麦水利研究所研发的MIKE模型、美国陆军工程师兵团研发的HEC-RAS模型（Bennett等，2004）、美国垦务局开发的USM模型（Rogers D. C. 等，1993）、法国的CARIMA模型（Holly, Jr. F. M.，1993）、美国犹他州立大学开发的Canal模型（Merkley G. P.，1993）尔夫特大学开发的Duflow模型（Clemmens A. J.，1993）和Modis模型（Wytze Schuurmans，1993），经过实践证明，这些模型都具有较好的稳定性和精确度。而在长距离水动力学模型中，以MIKE和HEC-RAS模型应用最为广泛。MIKE软件是丹麦水资源及水环境研究所（DHI）的产品，主要用于河口、河流、灌溉系统和其他内陆水域的水文学、水力学、水质和泥沙传输模拟，模型还可模拟闸门、堰、泵站、涵洞等多种水工建筑物，具有计算稳定、精度高、可靠性强等特点（戴文鸿等，2011）。HEC模型由美国水文工程中心开发，主要用于河道恒定流和非恒定流的计算，其功能强大，可进行桥梁、涵洞、堰等各种涉水建筑物的水面线分析计算。MIKE模型的基本控制方程为圣维南方程，并以Abbott六点隐式差分法理算求解，HEC-RAS对一维非恒定流的模拟是基于连续方程和动量方程。由于计算方程和迭代求解方式及求解的条件不同，MIKE较HEC-RAS求解误差要小（陈雪冬等，2014）。

明渠非恒定流的计算通常采用一维圣维南方程组，该方程具有两个独立的变量，为一阶拟线性双曲型偏微分方程。目前该方程组在数学上尚无解析解，工程上大都采用简化的圣维南方程组或者数值方法求解。明渠非恒定流的基本理论和基本技术已经成熟，但是还有许多问题没有解决，例如临界流问题、闸堰流边界的数值处理等问题。

1. 圣维南方程组

一维圣维南方程组由连续性方程和动量方程组成：

$$\frac{\partial A}{\partial t} + \frac{\partial Q}{\partial x} = q \tag{2.1}$$

$$\frac{\partial}{\partial t}\left(\frac{Q}{A}\right) + \frac{\partial}{\partial x}\left(\alpha \frac{Q^2}{2A^2}\right) + g\frac{\partial Z}{\partial x} + g(S_f - S_0) = 0 \tag{2.2}$$

式中：$x$、$t$ 为空间和时间坐标；$q$ 为单位长度渠道上的侧向入流流量，$m^2/s$；$\alpha$ 为动量修正系数；$S_f$ 为水力坡度。

水力坡度可以根据流量模数计算确定：

$$S_f = \frac{Q|Q|}{K^2} \tag{2.3}$$

式中：$K$ 为流量模数。

2. 方程组的差分

Pressimann 四点时空偏心格式（图 2.2）：

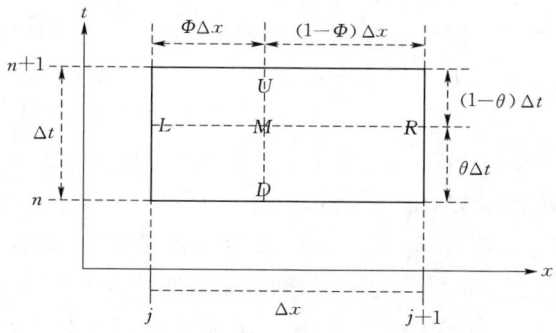

图 2.2 四点时空偏心格式示意图

$$f_L = \theta f_j^{n+1} + (1-\theta)f_j^n \tag{2.4}$$

$$f_R = \theta f_{j+1}^{n+1} + (1-\theta)f_{j+1}^n \tag{2.5}$$

$$f_D = \psi f_{j+1}^n + (1-\psi)f_j^n \tag{2.6}$$

$$f_U = \psi f_{j+1}^{n+1} + (1-\psi)f_j^{n+1} \tag{2.7}$$

式中：$j$ 为河道节点编号；$n$ 为时间步长序列编号；$\theta$ 为时间权重系数；$\psi$ 为空间权重系数。

由式（2.4）～式（2.7）可得到图 2.2 所示网格偏心点 $M$ 的差商和函数在 $M$ 点的值：

$$\frac{\partial f}{\partial t} = \frac{f_U - f_D}{\Delta t} = \psi \frac{f_{j+1}^{n+1} - f_{j+1}^n}{\Delta t} + (1-\psi)\frac{f_j^{n+1} - f_j^n}{\Delta t} \tag{2.8}$$

$$\frac{\partial f}{\partial x} = \frac{f_R - f_D}{\Delta x} = \theta \frac{f_{j+1}^{n+1} - f_j^{n+1}}{\Delta x} + (1-\theta)\frac{f_{j+1}^n - f_j^n}{\Delta x} \tag{2.9}$$

$$f = \theta f_U + (1-\theta)f_D = \theta[\psi f_{j+1}^{n+1} + (1-\psi)f_j^{n+1}] + (1-\theta)[\psi f_{j+1}^n + (1-\psi)f_j^n] \tag{2.10}$$

式中：$\Delta x$ 为计算空间步长；$\Delta t$ 为计算时间步长；$f$ 为偏心点 $M$ 处的值。

研究表明，当水流是缓流（$Fr<1.0$）时，圣维南方程组有两个特征根 $\lambda_1(>0)$ 或者 $\lambda_2(<0)$，有 $C_1=\lambda_1\dfrac{\Delta t}{\Delta x}>0$ 和 $C_r=\lambda_2\dfrac{\Delta t}{\Delta x}<0$。

该格式的稳定条件为

$$C_r=(u-\sqrt{gh})\frac{\Delta t}{\Delta x}>\frac{\psi-0.5}{0.5-\theta} \tag{2.11}$$

式中：$C_r$ 为圣维南方程组的特征根。

如果参数选择不当，甚至会出现波动现象和不稳定的现象，在 Pressimann 四点时空偏心格式的使用时，最好是对连续性方程和动量方程使用不同的权重系数，可确保无条件稳定。

鉴于 Pressimann 四点时空偏心格式稳定性条件的限制，连续方程和动量方程对时间层离散都采用式（2.8），连续方程空间离散采用式（2.9），动量方程空间离散采用式（2.12）：

$$\frac{\partial f}{\partial x}=\phi\frac{f_{j+1}^{n+1}-f_j^{n+1}}{\Delta x}+(1-\phi)\frac{f_{j+1}^n-f_j^n}{\Delta x} \tag{2.12}$$

$$S_f=\phi[\varphi S_{f,j+1}^{n+1}+(1-\varphi)S_{f,j}^{n+1}]+(1-\phi)[\varphi S_{f,j+1}^n+(1-\varphi)S_{f,j}^n] \tag{2.13}$$

式中：$\phi$ 为连续方程时间离散权重；$\varphi$ 为水力坡度的空间权重系数。

3. 圣维南方程组离散

对圣维南方程组的动量方程和连续方程分别进行离散。

连续方程可以离散为

$$\frac{\psi}{\Delta t}(A_{j+1}^{n+1}-A_{j+1}^n)+\frac{1-\psi}{\Delta t}(A_j^{n+1}-A_j^n)+\frac{\theta}{\Delta x}(Q_{j+1}^{n+1}-Q_j^{n+1})+\frac{1-\theta}{\Delta x}(Q_{j+1}^n-Q_j^n)$$
$$=\theta[\psi q_{j+1}^{n+1}+(1-\psi)q_j^{n+1}]+(1-\theta)[\psi q_{j+1}^n+(1-\psi)q_j^n] \tag{2.14}$$

动量方程可以离散为

$$\frac{\psi}{\Delta t}\left(\frac{Q_{j+1}^{n+1}}{A_{j+1}^{n+1}}-\frac{Q_{j+1}^n}{A_{j+1}^n}\right)+\frac{1-\psi}{\Delta t}\left(\frac{Q_j^{n+1}}{A_j^{n+1}}-\frac{Q_j^n}{A_j^n}\right)+\frac{\alpha\phi}{2\Delta x}\left[\left(\frac{Q_{j+1}^{n+1}}{A_{j+1}^{n+1}}\right)^2-\left(\frac{Q_j^{n+1}}{A_j^{n+1}}\right)^2\right]$$
$$+\frac{\alpha(1-\phi)}{2\Delta x}\left[\left(\frac{Q_{j+1}^n}{A_{j+1}^n}\right)^2-\left(\frac{Q_j^n}{A_j^n}\right)^2\right]+\frac{\phi g}{\Delta x}(h_{j+1}^{n+1}-h_j^{n+1})+\frac{(1-\phi)g}{\Delta x}(h_{j+1}^n-h_j^n)$$
$$+\phi g[\varphi S_{f,j+1}^{n+1}+(1-\varphi)S_{f,j}^{n+1}]+(1-\phi)g[\varphi S_{f,j+1}^n+(1-\varphi)S_{f,j}^n]-gS_0=0 \tag{2.15}$$

4. 方程离散后线性化

离散后的方程是非线性的，需要应用循环迭代离散后的连续方程和动量方程才能求解。通常存在两种求解离散非线性方程的方法：①直接求解 $h$ 和 $Q$；②求解 $\Delta h$ 和 $\Delta Q$。本书采用第二种方法线性化处理离散后的方程，在循环求解

过程中,用下式计算当前值:
$$h = h^* + \Delta h, \quad Q = Q^* + \Delta Q$$
式中:$h^*$、$Q^*$ 代表上一个循环的变量值。

线性化连续方程用到如下关系式:
$$\begin{cases} A_j^{n+1} = A_j^* + \Delta A_j = A_j^* + B_j^* \Delta h_j \\ A_{j+1}^{n+1} = A_{j+1}^* + \Delta A_{j+1} = A_{j+1}^* + B_{j+1}^* \Delta h_{j+1} \end{cases} \quad (2.16)$$

$$\begin{cases} Q_j^{n+1} = Q_j^* + \Delta Q_j \\ Q_{j+1}^{n+1} = Q_{j+1}^* + \Delta Q \end{cases} \quad (2.17)$$

式中:带 * 号的变量表示上一循环的变量值;$\Delta Q$、$\Delta A$、$\Delta h$ 分别为流量、过流面积和水深的增量;$B$ 为过流水面宽度。

把式(2.16)、式(2.17)代入式(2.14)并整理得
$$a_{2j} \Delta h_j + b_{2j} \Delta Q_j + c_{2j} \Delta h_{j+1} + d_{2j} \Delta Q_{j+1} = e_{2j} \quad (2.18)$$

其中:
$$a_{1j} = \frac{(1-\psi)B_j^*}{\Delta t} \quad b_{1j} = \frac{-\theta}{\Delta x} \quad c_{1j} = \frac{\psi B_{j+1}^*}{\Delta t} \quad d_{1j} = \frac{\theta}{\Delta x}$$

$$e_{1j} = -\frac{\psi}{\Delta t}(A_{j+1}^* - A_{j+1}^n) - \frac{1-\psi}{\Delta t}(A_j^* - A_j^n) - \frac{\theta}{\Delta x}(Q_{j+1}^* - Q_j^*) - \frac{1-\theta}{\Delta x}(Q_{j+1}^n - Q_j^n)$$
$$+ \theta[\psi q_{j+1}^{n+1} + (1-\psi)q_j^{n+1}] + (1-\theta)[\psi q_{j+1}^n + (1-\psi)q_j^n]$$

线性化动量方程,要用到以下公式:
$$\begin{cases} (Q_j^{n+1})^2 = (Q_j^*)^2 + 2Q_j^* \Delta Q_j \\ (Q_{j+1}^{n+1})^2 = (Q_{j+1}^*)^2 + 2Q_{j+1}^* \Delta Q_{j+1} \end{cases} \quad (2.19)$$

$$\begin{cases} \dfrac{1}{(K_j^{n+1})^2} = \dfrac{1}{(K_j^*)^2} - \dfrac{2}{(K_j^*)^3} \left(\dfrac{\partial K}{\partial h}\right)_j^* \Delta h_j \\ \dfrac{1}{(K_{j+1}^{n+1})^2} = \dfrac{1}{(K_{j+1}^*)^2} - \dfrac{2}{(K_{j+1}^*)^3} \left(\dfrac{\partial K}{\partial h}\right)_{j+1}^* \Delta h_{j+1} \end{cases} \quad (2.20)$$

$$\begin{cases} S_{f,j}^{n+1} = S_{f,j}^* + \dfrac{2|Q_j^*|}{(K_j^*)^2} \Delta Q_j - \dfrac{2 S_{f,j}^*}{K_j^*} \left(\dfrac{\partial K}{\partial h}\right)_j^* \Delta h_j \\ S_{f,j+1}^{n+1} = S_{f,j+1}^* + \dfrac{2|Q_{j+1}^*|}{(K_{j+1}^*)^2} \Delta Q_{j+1} - \dfrac{2 S_{f,j+1}^*}{K_{j+1}^*} \left(\dfrac{\partial K}{\partial h}\right)_{j+1}^* \Delta h_{j+1} \end{cases} \quad (2.21)$$

$$\begin{cases} \dfrac{Q_j^{n+1}}{A_j^{n+1}} = \dfrac{Q_j^*}{A_j^*} + \dfrac{1}{A_j^*} \Delta Q_j - \dfrac{Q_j^* B_j^*}{(A_j^*)^2} \Delta h_j \\ \dfrac{Q_{j+1}^{n+1}}{A_{j+1}^{n+1}} = \dfrac{Q_{j+1}^*}{A_{j+1}^*} + \dfrac{1}{A_{j+1}^*} \Delta Q_{j+1} - \dfrac{Q_{j+1}^* B_{j+1}^*}{(A_{j+1}^*)^2} \Delta h_{j+1} \end{cases} \quad (2.22)$$

$$\begin{cases} \left(\dfrac{Q_j^{n+1}}{A_j^{n+1}}\right)^2 = \left(\dfrac{Q_j^*}{A_j^*}\right)^2 + \dfrac{2Q_j^*}{(A_j^*)^2} \Delta Q_j - \dfrac{2(Q_j^*)^2 B_j^*}{(A_j^*)^3} \Delta h_j \\ \left(\dfrac{Q_{j+1}^{n+1}}{A_{j+1}^{n+1}}\right)^2 = \left(\dfrac{Q_{j+1}^*}{A_{j+1}^*}\right)^2 + \dfrac{2Q_{j+1}^*}{(A_{j+1}^*)^2} \Delta Q_{j+1} - \dfrac{2(Q_{j+1}^*)^2 B_{j+1}^*}{(A_{j+1}^*)^3} \Delta h_{j+1} \end{cases} \quad (2.23)$$

式中    $K = AC\sqrt{R} = \frac{1}{n}A^{\frac{5}{3}}\chi^{-\frac{2}{3}}$

此处的 $n$ 为曼宁系数，则

$$\frac{\partial K}{\partial h} = \frac{\partial K}{\partial A}\frac{dA}{dh} + \frac{\partial K}{\partial \chi}\frac{d\chi}{dh} = \frac{5}{3n}A^{\frac{2}{3}}\chi^{-\frac{2}{3}}\frac{dA}{dh} - \frac{2}{3n}A^{\frac{5}{3}}\chi^{-\frac{5}{3}}\frac{d\chi}{dh}$$

$$= \frac{K}{A}\left(\frac{5dA}{3dh} - \frac{2Rd\chi}{3dh}\right)$$

将式（2.19）～式（2.23）代入式（2.15）并整理得

$$a_{2j+1}\Delta h_j + b_{2j+1}\Delta Q_j + c_{2j+1}\Delta h_{j+1} + d_{2j+1}\Delta Q_{j+1} = e_{2j+1} \quad (2.24)$$

其中：

$$a_{2j} = \frac{(1-\psi)Q_j^* B_j^*}{\Delta t\,(A_j^*)^2} + \frac{\phi(Q_j^*)^2 B_j^*}{\Delta x\,(A_j^*)^3} - \frac{g\phi}{\Delta x} - 2\phi g(1-\varphi)\frac{S_{f,j}^*}{K_j^*}\left(\frac{\partial K}{\partial h}\right)_j^*$$

$$b_{2j} = \frac{1-\psi}{\Delta t A_j^*} + \frac{\phi Q_j^*}{\Delta x\,(A_j^*)^2} + 2\phi g(1-\varphi)\frac{|Q_j^*|}{(K_j^*)^2}$$

$$c_{2j} = -\frac{\psi Q_{j+1}^* B_{j+1}^*}{\Delta t\,(A_{j+1}^*)^2} + \frac{\phi(Q_{j+1}^*)^2 B_{j+1}^*}{\Delta x\,(A_{j+1}^*)^3} - \frac{\phi g}{\Delta x} - 2g\phi\varphi\frac{S_{f,j+1}^*}{K_{j+1}^*}\left(\frac{\partial K}{\partial h}\right)_{j+1}^*$$

$$d_{2j} = \frac{\psi}{\Delta t A_{j+1}^*} + \frac{\phi Q_{j+1}^*}{\Delta x\,(A_{j+1}^*)^2} + 2g\phi(1-\varphi)\frac{|Q_j^*|}{(K_{j+1}^*)^2}$$

$$e_{2j} = -\frac{\psi}{\Delta t}\left(\frac{Q_{j+1}^*}{A_{j+1}^*} - \frac{Q_{j+1}^n}{A_{j+1}^n}\right) - \frac{1-\psi}{\Delta t}\left(\frac{Q_j^*}{A_j^*} - \frac{Q_j^n}{A_j^n}\right) - \frac{\alpha\phi}{2\Delta x}\left[\left(\frac{Q_{j+1}^*}{A_{j+1}^*}\right)^2 - \left(\frac{Q_j^*}{A_j^*}\right)^2\right]$$

$$- \frac{\alpha(1-\phi)}{2\Delta x}\left[\left(\frac{Q_{j+1}^n}{A_{j+1}^n}\right)^2 - \left(\frac{Q_j^n}{A_j^n}\right)^2\right] - \frac{g\phi}{\Delta x}(h_{j+1}^* - h_j^*) - \frac{g(1-\phi)}{\Delta x}(h_{j+1}^n - h_j^n)$$

$$- g\phi[\varphi S_{f,j+1}^* + (1-\varphi)S_{f,j}^*] - g(1-\phi)[\varphi S_{f,j+1}^n + (1-\varphi)S_{f,j}^n] + gS_0$$

圣维南方程组经过以上差分格式差分并线性化处理，可得到式（2.18）和式（2.24）两个线性方程。

### 2.1.3 水质模型原理

水质模型是基于物质守恒原理的数学模型，用数学的语言和方法来描述参与水循环的水质各因子所发生的物理、化学、生物和生态学方面的变化、内在规律以及各个因子之间的相互影响。水质数学模型研究的目的是描述河流水体中污染物随水流运动的规律以及与水体中其他污染物的相互转换，模拟或预测污染物在水体中扩散和衰减的过程，可以为水环境质量评价及预测、水质改善方案以及环境综合治理、流域水资源量的规划管理提供一定的参考和借鉴。

国外水质数学模型的发展可分为三个阶段：第一个阶段是20世纪20年代中期至70年代初期，研究主要集中于氧平衡模型，得到广泛应用，但也有一定的缺陷，其研究对象只局限于需氧污染物且以稳定的方式汇入河道，河流流动也是稳态流动，属于一维水质数学模型，此后，一系列学者针对水质数字模型做了更进一步研究，托马斯（Thomas）提出假设考虑泥沙、吸附沉降、化学絮凝沉降及水流冲刷和再悬浮过程,去除 BOD 的影响,多宾斯(bobbins)在考虑底泥释放或沿程地表径流加入的情况下,探究了有机污染物 BOD 和溶解氧 DO 沿河道空间和时间上浓度的变化,奥康纳(Q'cormor)提出假设,认为 BOD 不是碳化和硝化 BAD 两部分的总和等。在此阶段,研究学者主要从模型的适用性方面对其重新进行了修正,为后人的研究提供了参考。第二个阶段是 20 世纪 70 年代初期至 80 年代中期,产生了多介质环境综合生态模型,同时由一维稳态模型发展到多维动态模型,水质模型更接近于实际。最具代表性的水质数学模型是 QUAL Ⅰ,该模型是一款综合性质的一维水质模拟模型,1972 年美国水资源工程公司和美国环保局共同合作又开发出了 QUAL Ⅱ 水质数学模型,之后几年间,有很多专家学者对该模型进行了改进,随之又推出了 QUAL 2E,QUAL 2E - UNCAS,QUAL 2K 模型。在这一阶段,水质数学模型从一维到多维、从单一组分到多重组分,研究对象也不仅仅局限于河流、河口,还可以对多支流、多排污口、多取水口等复杂的河流环境进行研究,这一时期模型发展得较为迅速。第三个阶段是 20 世纪 80 年代中期至今,水质模型研究不断深化、完善与广泛。考虑到水质模型与面源模型的对接,并采用多种新技术方法,如随机数学、模糊数学、人工神经网络、专家系统等。

  国内的研究人员在认识到水环境治理的重要性后,近年来,通过对水质变化规律的深刻认识,也做了大量的有成效的工作。齐文彪等(2010)基于一维水质数值模型,通过 1957—2010 年近 50 多年的历史监测资料,采用 Mike 11 模型水动力模型来确定河道的粗糙度系数,对主河道和河滩的粗糙系数不断地进行调整,使模拟值与实测值之间的差异不断减小。模拟结果表明,洪峰值的误差保证在 10% 以内,验证的结果符合要求,由此证明了 Mike 11 模型在浑江河道洪水模拟的适用性,精度较高。陈异晖(2005)应用 EFDC 模型对云南滇池进行水质模拟,利用两年的逐日水质监测资料和气象资料,对滇池的水温、总氮和总磷的日浓度分布进行模拟,通过实测值和模拟值的对比,结果揭示污染负荷和湖泊水质间有着良好的动态响应关系,为下一步湖泊水环境的预测以及湖泊环境总容量的控制提供了技术支持,与此同时也验证了 EFDC 模型在湖泊水质应用的可靠性,为其他研究者提供了参考。陈丹等(2015)将 SWAT 模型用于模拟青山湖流域氮污染物的空间变化特征,首先对研究的流域进行分段并划分最小的水文单元,并且在每个水质监测站点对河流的参数进行率定分析。研究结果表明,氮浓度分布主要受降水径流和下垫面影响比较大,在青山湖的不同地区的分布差异也较大。氮素损失较大的地区主要集中在农田比例较大的子流域,坡面流量、侧流量、基本流量的空间特征与径流组分的空间特征基本一致。运用 SWAT 模型对氮污染物负荷的来源及空间浓度分布特征分析,能合理地描述氮污染物与地表径流的关系。

## 2.1 渠道一维数值模型构建

从国内外研究进展来看,水质模型发展一百年,从简单的氧气平衡模式到多介质环境的综合生态模型,水质数学模型在模拟水污染、改善河流和海港水质方面发挥着越来越重要的作用。目前,流域水质模拟主要集中在水动力作用下污染物分布特征的复现。在我国关于事故应急的研究很少,这也与我国河流本身的特点相关,在这方面的进一步研究是较为紧迫而实际的。

研究水质问题常用的方法有野外观测、物理模型实验和数模模拟等方法。但是野外现场观察需要消耗大量的人力和物力资源,而且又因为在模拟生物和化学过程中物理模型存在很多问题,因此在水污染防治工作中主要通过构建水质的数值仿真模型。应用水质数值仿真模型可以对水环境进行模拟和预报,也能够对河道与湖泊的开发利用过程当中的水环境进行实时评估,进行水环境容量、污染物容许排放量的预测,从而为人们制定水污染控制和规划方案,提供技术支持。

明渠水质模型用一维水质控制方程描述,其基本方程如下:

$$\frac{\partial AC}{\partial t} + u\frac{\partial QC}{\partial x} = \frac{\partial}{\partial x}\left(EA\frac{\partial C}{\partial x}\right) - KAC + \frac{A}{h}S_r + S \tag{2.25}$$

式中:$C$ 为污染物的断面平均浓度;$Q$ 为断面流量;$E$ 为断面的扩散系数;$S$ 为旁侧入流中污染物的量。

**1. 离散方程推导**

对于正常渠道没有边界条件的河段,水质模型的推导采用均衡域中物质质量守恒的方式进行推导,从而得出水质模型方程的离散方程格式。河道均衡域的示意图如图 2.3 所示。

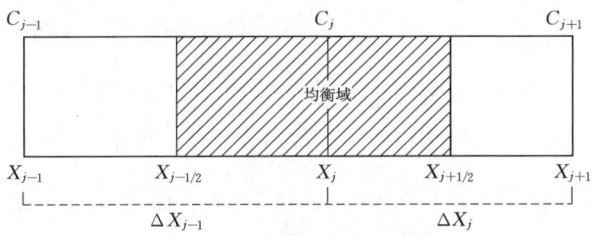

图 2.3 均衡域示意图

如图 2.3 所示,均衡域在任意时刻的体积为

$$V_j = \frac{1}{4}(A_{j-1/2} + A_j)\Delta x_{j-1} + \frac{1}{4}(A_{j+1/2} + A_j)\Delta x_j \tag{2.26}$$

式中:$A$ 为河道断面的横截面积;$x$ 为断面的桩号;$\Delta x_j$ 为 $x_{j+1}$ 与 $x_j$ 的差值。

其中 $A_{j-1/2} = (A_{j-1} + A_j)/2$;$A_{j+1/2} = (A_{j+1} + A_j)/2$

则均衡域的体积为

$$V_j = \frac{1}{8}(A_{j-1/2} + 3A_j)\Delta x_{j-1} + \frac{1}{8}(A_{j+1/2} + 3A_j)\Delta x_j \tag{2.27}$$

计算时间步长 $\Delta t$ 内均衡域中污染物质质量的变化量为

$$\Delta m = V_j^{n+1} C_j^{n+1} - V_j^n C_j^n \tag{2.28}$$

式中：$C$ 为污染物浓度；$n$ 代表前一计算时刻，$n+1$ 代表后一计算时刻。

2. 移流扩散作用引起均衡域的物质变化量

移流扩散是水体自净的一个重要作用，其形式主要有移流、分子扩散、紊动扩散和离散（弥散）。

(1) 移流作用。污染物的迁移沿流向的输移通量为

$$F_x = uC \tag{2.29}$$

式中：$F_x$ 为过水断面上某点沿 $x$ 方向的污染物输移通量；$u$ 为某点沿 $x$ 方向时均流速；$C$ 为某点污染物的时均浓度。

则整个断面的输移速率为

$$F_A = A u_{均} C_{均} = Q C_{均} \tag{2.30}$$

式中：$F_A$ 为断面 $A$ 上的污染物输移通量；$u_{均}$ 为断面上的平均流速；$C_{均}$ 为平均浓度；$Q$ 为断面上的流量。

则计算时间步长 $\Delta t$ 内从断面 $A$ 通过的污染物的质量为

$$m = F_A \Delta t = A u_{均} C_{均} \Delta t = Q C_{均} \Delta t \tag{2.31}$$

式中：$m$ 为通过断面 $A$ 的污染物的质量；其他同式 (2.30)。

计算时间步长 $\Delta t$ 内，移流进入均衡域的污染物的质量为

$$m_{11} = F_{j-1/2} \Delta t = Q_{j-1/2} C_{j-1/2} \Delta t \tag{2.32}$$

式中：$F_{j-1/2}$ 为 $x_{j-1/2}$ 处的污染物输移率；$Q_{j-1/2}$ 为 $x_{j-1/2}$ 处的平均流量，计算公式为 $Q_{j-1/2} = \dfrac{Q_{j-1} + Q_j}{2}$；$C_{j-1/2}$ 为 $x_{j-1/2}$ 处的平均浓度，计算公式为 $C_{j-1/2} = \theta C_{j-1} + (1-\theta) C_j$；$\theta$ 为上风因子，取值范围为 $0 \leqslant \theta \leqslant 1$，当 $C_{j-1/2} > 0$ 时取 $\theta \geqslant \dfrac{1}{2}$；当 $C_{j-1/2} < 0$ 时取 $\theta \leqslant \dfrac{1}{2}$。若当 $C_{j-1/2} > 0$ 时，取 $\theta = 1$（或 $C_{j-1/2} < 0$ 时，取 $\theta = 0$），则为完全上风格式，这时对于移流作用，通过均衡域边界 $x_{j-1/2}$ 处的浓度取为入流方向节点的浓度值。

计算时间步长 $\Delta t$ 内，移流离开均衡域的污染物的质量为

$$m_{12} = F_{j+1/2} \Delta t = Q_{j+1/2} C_{j+1/2} \Delta t \tag{2.33}$$

式中：$F_{j+1/2}$ 为 $x_{j+1/2}$ 处的污染物输移率；$Q_{j+1/2}$ 为 $x_{j+1/2}$ 处的平均流量，计算公式为 $Q_{j+1/2} = \dfrac{Q_j + Q_{j+1}}{2}$；$C_{j+1/2}$ 为 $x_{j+1/2}$ 处的平均浓度，计算公式为 $C_{j+1/2} = \theta C_j + (1-\theta) C_{j+1}$。

(2) 分子扩散作用。分子扩散过程服从菲克第一定律，其公式为

$$M_m = -E_m \frac{\partial C}{\partial x} \tag{2.34}$$

式中：$M_m$ 为在 $x$ 方向上由于分子扩散通量；$C$ 为某点的污染物浓度；$E_m$ 为分子扩散系数。污染物在水中的分子扩散系数，一般在 $10^{-9} \sim 10^{-8} \, \text{m}^2/\text{s}$ 之间变化。

计算时间步长 $\Delta t$ 内，分子扩散进入均衡域的污染物的质量为

$$m_{12} = A_{j-1/2} M_{mj-1/2} \Delta t = -A_{j-1/2} M_{mj-1/2} \frac{C_j - C_{j-1}}{\Delta x_{j-1}} \Delta t \qquad (2.35)$$

式中：$M_{mj-1/2}$ 为 $x_{j-1/2}$ 处的污染物分子扩散系数，计算公式为 $E_{mj-1/2} = \frac{E_{mj-1} + E_{mj}}{2}$；$A_{j-1/2}$ 为 $x_{j-1/2}$ 处的过水面积，计算公式为 $A_{j-1/2} = \frac{A_{j-1} + A_j}{2}$。

计算时间步长 $\Delta t$ 内，分子扩散离开均衡域的污染物的质量为

$$m_{22} = A_{j+1/2} M_{mj+1/2} \Delta t = -A_{j+1/2} E_{mj+1/2} \frac{C_{j+1} - C_j}{\Delta x_j} \Delta t \qquad (2.36)$$

式中：$E_{mj+1/2}$ 为 $x_{j+1/2}$ 处的污染物分子扩散系数，计算公式为 $E_{mj+1/2} = \frac{E_{mj+1} + E_{mj}}{2}$；$A_{j+1/2}$ 为 $x_{j+1/2}$ 处的过水面积，计算公式为 $A_{j+1/2} = \frac{A_{j+1} + A_j}{2}$。

（3）紊动扩散作用。紊动扩散过程服从菲克第一定律，其公式为

$$M_t = -E_t \frac{\partial C}{\partial x} \qquad (2.37)$$

式中：$M_t$ 为沿 $x$ 方向污染物的紊动扩散通量；$E_t$ 为 $x$ 方向的紊动扩散系数。对于雷诺数 $Re=10^4$ 左右的湍流流场，紊动扩散系数可达 $E_t = 3.36 \times 10^{-4} \, \text{m}^2/\text{s}$，而分子扩散系数 $E_m$ 为 $10^{-9} \sim 10^{-8} \, \text{m}^2/\text{s}$，可见河流中紊动扩散作用比分子扩散作用强得多。

计算时间步长 $\Delta t$ 内，紊动扩散进入均衡域的污染物的质量为

$$m_{31} = A_{j-1/2} M_{tj-1/2} \Delta t = -A_{j-1/2} E_{tj-1/2} \frac{C_j - C_{j-1}}{\Delta x_{j-1}} \Delta t \qquad (2.38)$$

式中：$E_{tj-1/2}$ 为 $x_{j-1/2}$ 处的污染紊动扩散系数，计算公式为 $E_{tj-1/2} = \frac{E_{tj-1} + E_{tj}}{2}$；$A_{j-1/2}$ 为 $x_{j-1/2}$ 处的过水面积，计算公式为 $A_{j-1/2} = \frac{A_{j-1} + A_j}{2}$。

计算时间步长 $\Delta t$ 内，紊动扩散离开均衡域的污染物的质量为

$$m_{32} = A_{j+1/2} M_{tj+1/2} \Delta t = -A_{j+1/2} E_{tj+1/2} \frac{C_{j+1} - C_j}{\Delta x_j} \Delta t \qquad (2.39)$$

式中：$E_{tj+1/2}$ 为 $x_{j+1/2}$ 处的污染物紊动扩散系数，计算公式为 $E_{tj+1/2} = \frac{E_{tj+1} + E_{tj}}{2}$；$A_{j+1/2}$ 为 $x_{j+1/2}$ 处的过水面积，计算公式为 $A_{j+1/2} = \frac{A_{j+1} + A_j}{2}$。

（4）离散（弥散）作用。离散作用可以用式（2.40）表示：

$$M_d = -E_d \frac{\partial C}{\partial x} \qquad (2.40)$$

式中：$M_d$ 为污染物沿纵向的离散通量；$C$ 为断面污染物平均浓度；$E_d$ 为纵向离散系数。

通常的明渠流中 $E_d$ 可达 $10\sim10^3\,\mathrm{m^2/s}$，与分子扩散系数 $E_m$ 和紊动扩散系数 $E_t$ 数比起来要大得多，因此在明渠流中，起主导作用的基本上是纵向离散系数。

计算时间步长 $\Delta t$ 内，离散作用进入均衡域的污染物的质量为

$$m_{41} = A_{j-1/2}M_{dj-1/2}\Delta t = -A_{j-1/2}E_{dj-1/2}\frac{C_j - C_{j-1}}{\Delta x_{j-1}}\Delta t \qquad (2.41)$$

式中：$E_{dj-1/2}$ 为 $x_{j-1/2}$ 处的污染离散系数，计算公式为 $E_{dj-1/2} = \dfrac{E_{dj-1} + E_{dj}}{2}$；$A_{j-1/2}$ 为 $x_{j-1/2}$ 处的过水面积，计算公式为 $A_{j-1/2} = \dfrac{A_{j-1} + A_j}{2}$。

计算时间步长 $\Delta t$ 内，离散作用离开均衡域的污染物的质量为

$$m_{42} = A_{j+1/2}M_{dj+1/2}\Delta t = -A_{j+1/2}E_{dj+1/2}\frac{C_{j+1} - C_j}{\Delta x_j}\Delta t \qquad (2.42)$$

式中：$E_{dj+1/2}$ 为 $x_{j+1/2}$ 处的污染物离散系数，计算公式为 $E_{dj+1/2} = \dfrac{E_{dj+1} + E_{dj}}{2}$；$A_{j+1/2}$ 为 $x_{j+1/2}$ 处的过水面积，计算公式为 $A_{j+1/2} = \dfrac{A_{j+1} + A_j}{2}$。

### 2.1.4 模型边界条件

模型边界条件包括外边界与内边界，其中渠道上游外边界一般采用流量边界，下游边界采用水位边界；内边界包括渠系建筑物的计算水位点，以及沿程的分水口与退水口情况。

在北疆总干渠数值模型的构建中，包含：1 个流量边界（上游，桩号 0+000）和 1 个水位边界（下游，桩号 133+646），8 个外边界：5 座节制退水闸（分别是桩号 10+870、桩号 57+300、桩号 93+656.9、桩号 123+556.9、桩号 133+646.4），3 座分水闸（分别是桩号 2+990、桩号 20+000、桩号 49+320）。模拟渠段边界条件设置见图 2.4。

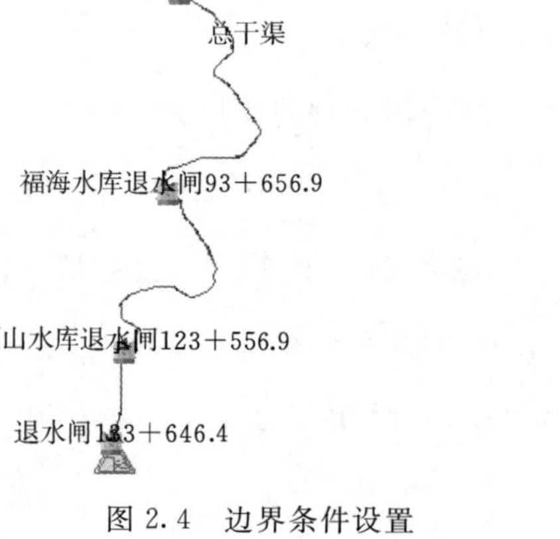

图 2.4 边界条件设置

## 2.2 模型率定

北疆供水工程总干渠的水深测量点位于闸门前 50m 处，基本规避了闸门断面变化造成的水面线波动。数据选取管理处水文水资源勘测局 2011—2016 年实测的逐日流量、水位数据（2013 年数据由于项目沟通原因缺失）。断面结构完整且水流较为平稳，自渠首 20～94km 处选择 4 个观测断面，间隔在 20～30km，断面选择位于渠系建筑物较远的顺直渠段，在水位不发生变化的时间段进行测量。测量通过在渠道上方布置测桥进行，采用多线测流，垂线间隔为 1m，测流历时在 60～100s。

北疆供水工程在 4 月下旬开始供水，5—8 月为正常供水期，流量较为稳定，沿线闸门为常开状态，9 月上旬停止供水，其间，在监测断面有连续的观测数据。干渠设计流量为 68$m^3$/s，加大流量为 75$m^3$/s，其中 2016 年最大引水流量达到 96.7$m^3$/s，超过设计加大流量 21.7$m^3$/s。

当渠首引水流量稳定后，在断面一致，并且与渠系建筑物均有一定距离的顺直渠段，水面线变幅较小，满足均匀流条件。根据实际调查，渠道壁面较为光滑，几乎没附着物或植物生长，渠道内水质较好，且在停水期会进行清淤处理，渠道几乎没有淤积的影响。部分渠段有滑坡风险，在停水期会进行维修和清淤处理。

### 2.2.1 断面参数

采用 Manning-Chezy 公式计算渠道的实测糙率，前提条件是渠道内水流是均匀流，或者该段可做均匀流处理，产生明渠均匀流的条件为：水流为恒定流，流量沿程不变，渠道断面沿程不变且研究渠段无闸、坎等建筑物。在均匀流条件下，该段具有的性质有：沿程水深不变，过水断面上的流速分布、断面平均流速沿程不变，且总水头线、水面线、渠底坡线三者相互平行。

对于长距离渠道，糙率的沿程变化范围可能较大，不同段之间由于水力特征不同，加上沿途损失和分水等情况，总体渠系是非均匀流，但是稳定输水期的特定渠段内的水面线是稳定的，可视为均匀流，总干渠沿线共有 6 个监测断面，每个断面所处的环境和断面水力特征都有所差异，各断面水力参数见表 2.1。

表 2.1　监测断面渠道水力参数

| 测点编号 | 2+990 | 20+000 | 49+320 | 93+656 | 123+556 | 133+646 |
|---|---|---|---|---|---|---|
| 衬砌形式 | 混凝土预制板 | | | | | |
| 形状 | 梯形 | 梯形 | 梯形 | 弧底梯形 | 弧底梯形 | 弧底梯形 |

续表

| 边坡系数 | 2 | 2 | 2 | 2 | 2 | 2 |
| --- | --- | --- | --- | --- | --- | --- |
| 纵坡 | 0.0001 | 0.00008 | 0.00008 | 0.000087 | 0.000087 | 0.0001 |
| 底宽/弧半径/m | 3.4 | 4 | 4 | 8.47134 | 8.47134 | 8.47134 |
| 糙率设计值 | 0.017 | 0.017 | 0.017 | 0.017 | 0.017 | 0.017 |
| 设计流量/(m³/s) | 68 | 68 | 68 | 68 | 68 | 68 |

### 2.2.2 模型参数选取

总干渠水动力模型需要设置的参数包括渠道的糙率、水头损失系数、闸门收缩系数等水力学参数，以及渠道断面结构、渠系建筑物规格等设计参数，其中闸门相关的参数和属性包括闸门收缩系数、闸门开度、节制闸位置和数目、闸门类型、闸孔数目、关闭速率、闸下出流形式（包括闸孔出流和堰流）。模型的参数确定常用的有 3 种方法（陈翔，2015）：

（1）通过模型关系将假定的参数通过模拟与实测的结果对比进行调参率定。

（2）通过试验或实测资料进行实际计算。

（3）采用经验公式进行模糊概算。

模型的各项参数来源可以是渠道设计参数、实测参数以及计算或率定参数，其他的参数还包括渠道的糙率、水头损失系数、其他建筑物设计参数等。结合总干渠运行管理年鉴中渠道参数的实测值、设计值，对模型参数的取值进行初步确定。

节制闸在稳定供水期处于全开状态，自由出流情况下收缩系数只与断面形式有关，渠道内平板节制闸的收缩系数（Underflow CC）可取 0.61~0.63。

建筑物进、出口水头损失（$h_f$）计算采用式（2.43）进行计算：

$$\begin{cases} h_{f_1} = \zeta_{in} \left(1 - \dfrac{A_{s1}}{A_1}\right) \\ h_{f_2} = \zeta_{out} \left(1 - \dfrac{A_{s2}}{A_2}\right)^2 \end{cases} \quad (2.43)$$

式中：$A_{s1}$（$A_{s2}$）为建筑物进口（出口）断面面积；$A_1$（$A_2$）为建筑物前（后）渠道断面面积；$\zeta_{in}$ 为常数，取 0.5；$\zeta_{out}$ 为常数，取 1.0。

总干渠糙率设计值为 0.017，但渠道投入运行时间较长，且沿程维护、翻新的水平存在差异，为了保证糙率取值的准确性，需要通过实测的水位、流量数据进行推算。

综合工程设计值、推荐值和初步计算值结果，各参数取值区间见表 2.2，在此取值区间内，进一步分析参数取值对渠道水面线的影响情况。

## 2.2 模型率定

表 2.2  参 数 取 值 区 间

| 系 数 | 参数取值 |
|---|---|
| 节制闸出口水头损失系数 | 0.30~0.50 |
| 隧洞出口水头损失系数 | 0.50~1.00 |
| 节制闸收缩系数 | 0.61~0.63 |
| 节制闸进口水头损失系数 | 0.20~0.50 |
| 隧洞进口水头损失系数 | 0.30~0.5 |

### 2.2.3 参数敏感性分析

除了渠道断面形式、建筑物形式等固定参数通过渠道设计资料和实测资料获得，还有需要进行计算和率定的水力参数，总干渠水动力模型中需要率定的水力参数有渠道沿程糙率、闸门及隧洞的进出口水头损失系数和闸门收缩系数。上述参数对渠道水面线影响方式和敏感性进行分析，为后续模型糙率的率定提供调试步长的参考。

#### 2.2.3.1 糙率敏感性分析

在渠道设置糙率全域值的情况下，默认糙率沿程是均匀的，不存在渠段的变化，这种取值适用于短距离、断面条件一致、衬砌均匀渠道的糙率取值，但对于北疆长距离供水渠道，由于设计差异与影响因素的作用，需采用局部糙率设置实现对渠道实际水力特征的模拟。糙率全域值与局部值设置见图2.5。

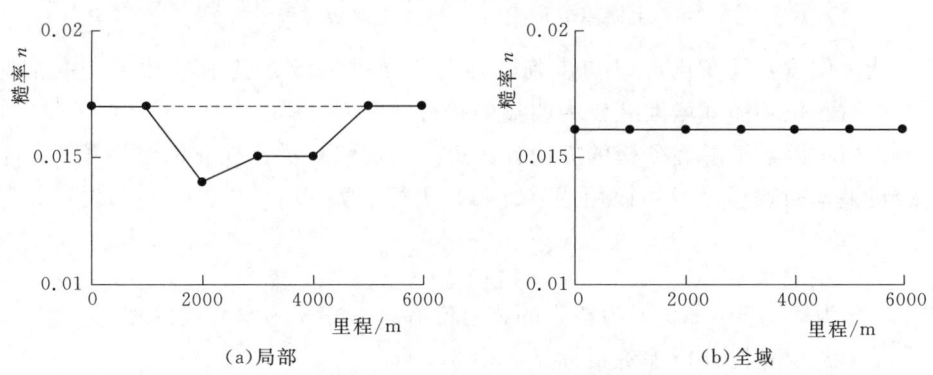

图 2.5 糙率全域值与局部值设置

为分析渠道整体水面线对参数取值的敏感性，排除局部糙率差异的影响，首先采用全局值进行正常供水情况的模拟，通过调整全局值分析渠道水面线对糙率的敏感性，再依据敏感性大小选择率定精度和调参步长。根据人工衬砌渠道光滑情况下的推荐取值（王光谦，2006），将渠道糙率从 0.015 以 0.002 为步长向上递增，以构建的总干渠水动力模型为基础，边界条件采用 2016 年的实测系列,其他参数均保持不变,其中闸门水头损失系数进口取 0.2,出口取 0.3,隧洞水头损失系数进口取 0.3,出口取 0.5,闸门收缩系数取推荐值 0.6。在不同的糙率取值下,上游点 2+940 与下游点 49+270 处的水位过程线如图 2.6、图 2.7 所示。

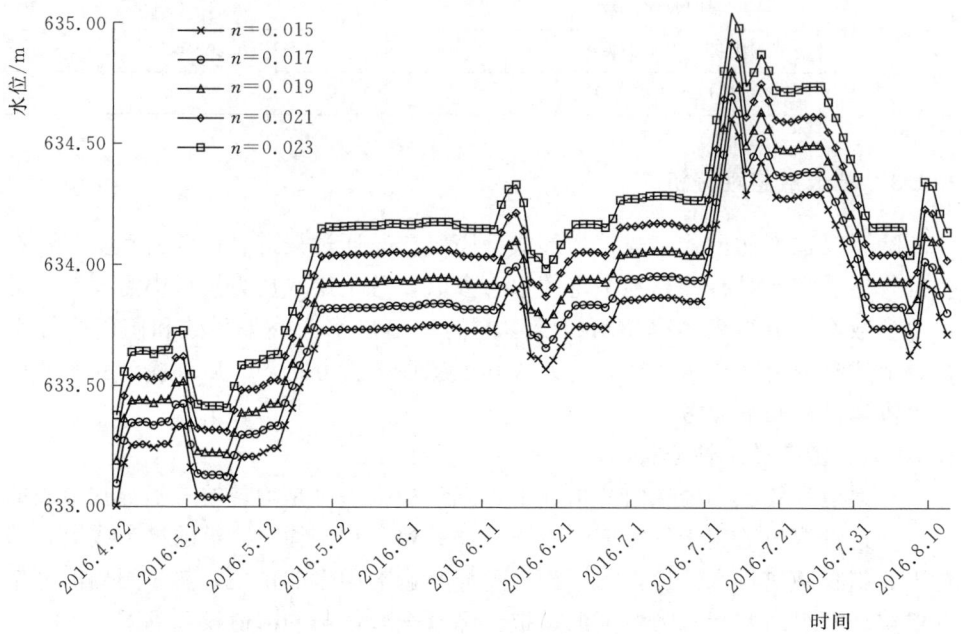

图 2.6 上游点 2+940 不同糙率下水位过程线特征

从水位过程线变化可以初步判断在边界条件一致、其他参数不变的情况下,渠道水位随糙率增大有较为明显的抬升。

采用单因素敏感性分析的方法计算渠道水面线对糙率变化的敏感度 $S$,水面线对糙率的敏感度 $S$ 可以用式(2.44)进行计算:

$$S = \frac{\Delta m}{m} \bigg/ \frac{\Delta x}{x} \tag{2.44}$$

式中:$S$ 为敏感度;$\Delta x/x$ 为糙率的相对变幅;$\Delta m/m$ 为水面线的相对变幅。

单因素敏感性分析评价指标见表 2.3。

表 2.3 单因素敏感性分析评价指标

| 数 值 | 敏感性 | 数 值 | 敏感性 |
|---|---|---|---|
| 0.00~0.05 | 不敏感 | 0.20~1.00 | 敏感 |
| 0.05~0.20 | 一般敏感 | >1.00 | 极为敏感 |

为了分析水面的变幅,采用模拟系列的平均水深变化作为指标,敏感度计

算结果见表 2.4。

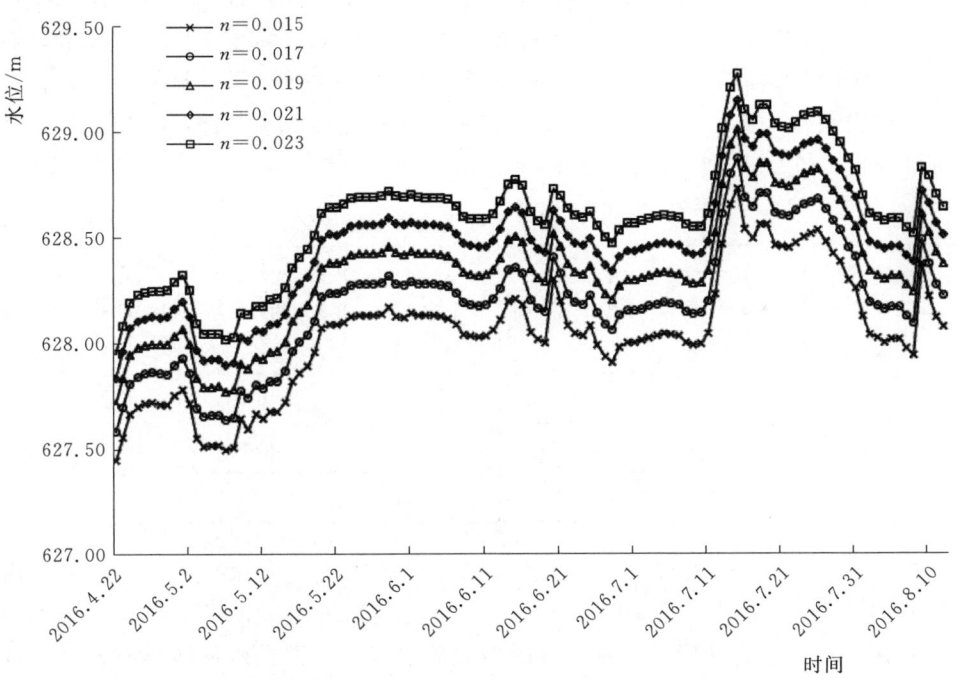

图 2.7 下游点 49+270 不同糙率下水位过程线特征

表 2.4 不同糙率变幅下渠道水深变化

| $n$ | $n$ 值相对变幅 /% | 2+940 平均水深 /m | 2+940 平均水深相对变幅 /% | 49+270 平均水深 /m | 49+270 平均水深相对变幅 /% | 其他参数 |
|---|---|---|---|---|---|---|
| 0.015 | 0.00 | 4.02 | 0.00 | 3.78 | 0 | 闸门：$h_{f_1}=0.2$, $h_{f_2}=0.3$, $U_c=0.6$ 隧洞：$h_{f_1}=0.3$, $h_{f_2}=0.5$ |
| 0.017 | 13.33 | 4.12 | 2.24 | 3.93 | 3.92 | |
| 0.019 | 26.67 | 4.21 | 4.80 | 4.07 | 7.65 | |
| 0.021 | 40.00 | 4.32 | 7.52 | 4.21 | 11.22 | |
| 0.023 | 53.33 | 4.43 | 10.36 | 4.33 | 14.63 | |

注 $U_c$ 为节制闸收缩系数。

由表 2.4 可得上游点 2+940 点渠道水深对糙率变化的敏感度为 0.20；下游点 49+270 的敏感度为 0.27，表明渠道水位对沿程糙率的敏感度指标为敏感，且不同位置的敏感度有一定差异，总干渠沿程糙率需要进行较高精度的率定，调参步长取 0.001，且需要逐段进行局部糙率的率定。

#### 2.2.3.2 水头损失系数敏感性分析

根据计算的闸门及隧洞的进出口水头损失取值区间,以闸门进口水头损失系数 0.2、出口 0.3,隧洞进口水头损失系数进口 0.3、出口 0.5 为基准,各取值以 10% 增幅的步长向上递增,与糙率敏感性分析相同,调整的参数仅为水头损失系数,其他参数保持不变,其中糙率取全域值 0.016,闸门收缩系数取推荐值 0.6。敏感度计算见表 2.5。

表 2.5　　　　不同水头损失系数下渠道水深变化

| 水头损失变化率/% | 2+940平均水深/m | 2+940平均水深相对变幅/% | 49+270平均水深/m | 49+270平均水深相对变幅/% | 其他参数 |
| --- | --- | --- | --- | --- | --- |
| 0 | 4.10 | 0 | 3.93 | 0 | $U_c=0.6$ $n=0.016$ |
| 10 | 4.10 | 0.10 | 3.93 | −0.05 | |
| 20 | 4.11 | 0.24 | 3.92 | −0.20 | |

由表 2.5 可得上游点 2+940 点渠道水深对变化的敏感度为 0.012;下游点 49+270 的敏感度为 0.010,在模拟中,建筑物进出口损失系数在小范围内变化造成的水深变幅较小,较大幅的增大后建筑物上游的水面线略有抬高,而下游由于水头损失增大水位会有所降低,如果取值过大,会导致建筑物水力计算超过阈值,故总干渠的建筑物水头损失系数基本可按照计算值选取,在与实测水面线拟合时若存在部分段偏差过大,则需要对其相邻的建筑物水头损失系数进行调整。

#### 2.2.3.3 闸门收缩系数敏感性分析

闸门收缩系数以取值 0.6 为基础,以 20% 增幅为步长分析取值 0.72、0.84 下的渠道水位变化,其余参数保持不变;糙率取全域值 0.016,闸门进口水头损失系数取 0.2,出口取 0.3,隧洞进口水头损失系数进口取 0.3,出口取 0.5。闸门收缩系数敏感度计算见表 2.6。

表 2.6　　　　不同闸门收缩系数下渠道水深变化

| 闸门收缩系数变化率/% | 闸门收缩系数 | 2+940平均水深/m | 2+940平均水深相对变幅/% | 49+270平均水深/m | 49+270平均水深相对变幅/% | 其他参数 |
| --- | --- | --- | --- | --- | --- | --- |
| 0 | 0.60 | 4.10 | 0 | 3.93 | 0 | 闸门:$h_{f_1}=0.2$,$h_{f_2}=0.3$ 隧洞:$h_{f_1}=0.3$,$h_{f_2}=0.5$; $n=0.016$ |
| 20 | 0.72 | 4.10 | −0.07 | 3.93 | 0.08 | |
| 40 | 0.84 | 4.10 | −0.15 | 3.93 | 0.17 | |

由表 2.6 可得上游点 2+940 点水深对闸门收缩系数变化的敏感度为 0.003；下游点 49+270 的敏感度为 0.004，结果表现为不敏感，节制闸收缩系数可以按照推荐取值选取。

根据参数敏感性的分析结果，闸门收缩系数和建筑物进出口损失系数的取值会影响建筑物前后的水位差值，但在一定取值范围内，渠道水面线变化对其敏感性较低，可采用推荐值和公式计算值进行参数选取，而水面线对糙率的变化较为敏感，糙率增长 0.002，渠道水位约抬高 0.1~0.14m，需要较为精确的取值以保证模型的准确性。

### 2.2.4 糙率计算

谢才（Chezy）于 1775 年提出了明渠均匀流的基本动力学方程：

$$V = C\sqrt{RJ} \tag{2.45}$$

式中：$V$ 为断面平均流速；$R$ 为水力半径；$J$ 为坡降；$C$ 为谢才系数。

结合 Darcy-Weisbach 提出的沿程阻力计算式：

$$V = \sqrt{\frac{8g}{\lambda}}\sqrt{RJ} \tag{2.46}$$

可以得到谢才系数与沿程阻力系数 $\lambda$ 的转换关系为

$$C = \sqrt{\frac{8g}{\lambda}} \tag{2.47}$$

式中：$g$ 为重力加速度；$\lambda$ 为沿程阻力系数。

其中沿程阻力系数 $\lambda$ 是关于雷诺数（$Re$）和流体壁面粗糙度（$K_s$）的函数，$\lambda$ 与 $Re/K_s$ 的关系基本服从双对数曲线（Henderson，1966）。这表明谢才系数不是一个固定参数，而是受雷诺数和边壁粗糙度影响的变量。根据尼古拉兹（Nikuradese）试验，在阻力平方区的沿程阻力系数与雷诺数无关，只与边壁的相对粗糙度相关，因此在阻力平方区，沿程阻力是一个关于相对粗糙度的函数，用 Manning 公式来表示 Chezy 系数：

$$C = \frac{1}{n}R^{1/6} \tag{2.48}$$

将式（2.48）和谢才公式联立便可得到谢才-曼宁公式：

$$n = \frac{1}{v}R^{2/3}J^{1/2} \tag{2.49}$$

式（2.49）计算的糙率值反映的是渠道运行情况下渠道内水流受到的综合阻力，虽然有一定的使用条件限制，但由于其结构简单、形式稳定，是应用最为普遍的糙率计算公式。

在工程设计阶段和缺乏实测数据的情况下，为了确定渠道的糙率，就需要参考相关经验公式或取值规范,在大量的数据观测和模型试验的基础上,针对不同的工程或者地区,国内外提出了很多具有适用性的经验公式,其中应用较为普遍的有美国垦务局公式:

$$n = \frac{0.0565}{\lg(9711R)} R^{1/6} \tag{2.50}$$

以及美国陆军兵团提出的类似形式经验公式:

$$n = \frac{R^{1/6}}{19.55 + 18\lg(R/K_s)} \tag{2.51}$$

两式的主要区别是加入了变量等效粗糙度 $K_s$。相关研究提出反映渠道表面凸起高度和渠道总体平整情况参数因子 $K_s$,$K_s$ 值根据渠道的运行时期选择,可以计算渠道运行下糙率随时间的变化情况。$K_s$ 是一个与时间有关的变量,随着渠道的运行时间,通过合理的取值可以将渠道运行工况下糙率随时间的变化情况考虑其中,将美垦局公式展开得

$$n = \frac{0.0565}{[1.08 - \lg K_s] + \lg R} R^{1/6} \tag{2.52}$$

可以看出当 $\lg(9711) = 1.086 - \lg K_s$ 时,两个公式是完全相同的,可以认为美国垦务局公式是美国陆军兵团公式在等效粗糙度 $K_s$ 取 0.00125 时的特殊情况。因此若要提高经验公式计算糙率值的准确性,需要针对具体目标渠道进行等效粗糙度的修正。

### 2.2.5 糙率计算值数理统计

#### 2.2.5.1 离散性分析

根据各断面逐日的流量和水位资料,计算总干渠 2011—2016 年间的实测糙率,并绘制箱线图判断数据的正态性以及找出数据中的异常值,将不同段计算结果逐月分析,可知糙率重复观测数据的分布情况。箱线图由下至上分别为样本指标的最小值、1/4 分位数、中位数、3/4 分位数、最大值。其中 2011 年 6 个断面的计算结果箱线图分布情况见图 2.8。

箱线图的每组线段代表 25% 的数据,由图 2.4 可以看出,各组观测数据在中值两端的分布都较为均匀,可以初步判断实测数据具有正态性。同段不同月份的糙率中值落在的区间较为集中,表明同段渠道在正常输水期具有一定的稳定性,也可以判断不同段糙率的大致范围。1~6 断面的糙率中心线位置分别位于 0.0125、0.015、0.0127、0.0128、0.0082 和 0.0095,可见不同段的中心区间有一定的差异。

#### 2.2.5.2 正态检验

断面的水位、流量数据是基于同一地点的重复观测,虽然各月间的糙率期望有一定的差异,但同一输水期内的偏差较小,且箱线图显示具有正态

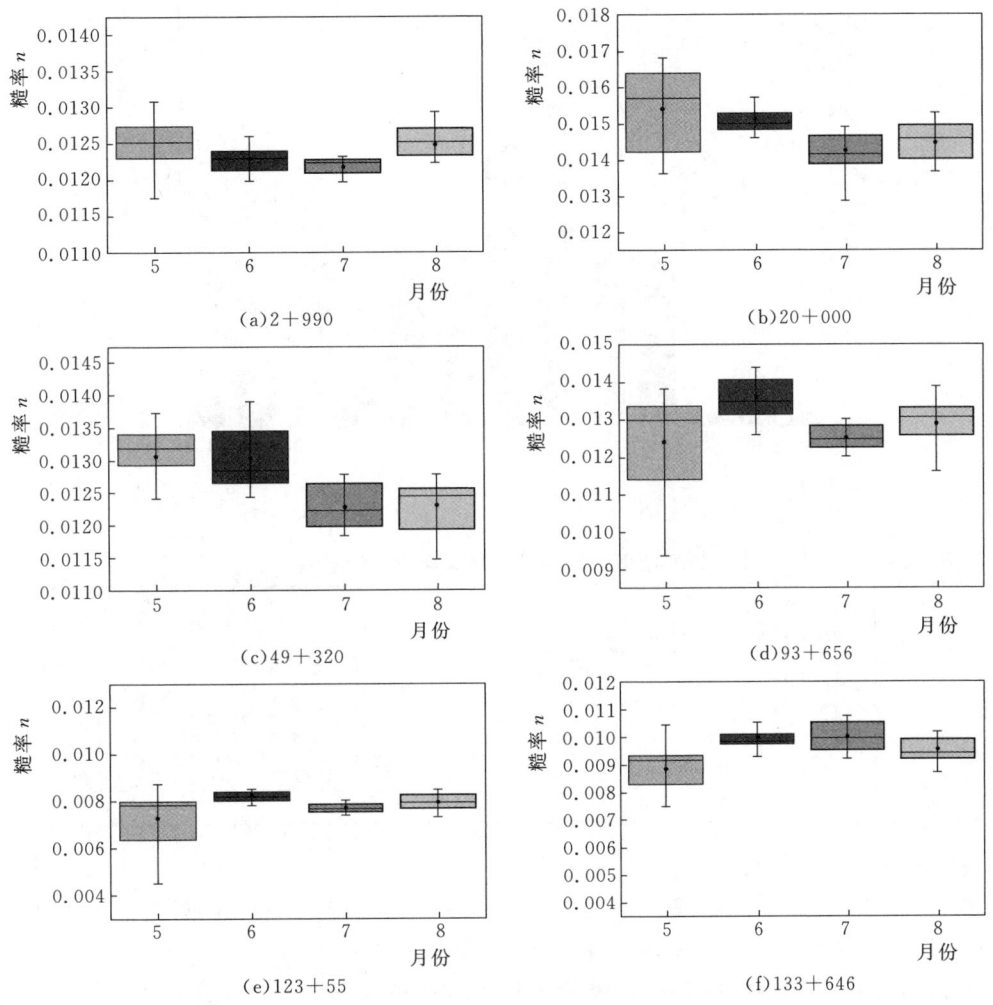

图 2.8 2011 年 1～6 断面逐月糙率箱线图

性，应符合正态分布，在去除箱型图显示的异常点后，假定糙率系列服从正态分布，采用 $[h,p] = \text{lillietest}(x)$ 正态检验函数，$p$ 为接受假设的概率值，$h$ 为检验结果，当 $h=0$ 表示系列服从正态分布假设，$h=1$ 则否定。经检验，在同一输水期的糙率系列 $h$ 均为 0，表明其服从正态分布。将各断面数据进行正态分布拟合，其中 2+990 断面 2016 年的糙率计算值为 0.0112～0.0131，以 0.000154 为步长将其划分为 13 个区间，计算各区间的频数并进行正态拟合如图 2.9 所示，各断面不同输水期拟合后的期望值与标准差 $\sigma$ 见表 2.7。

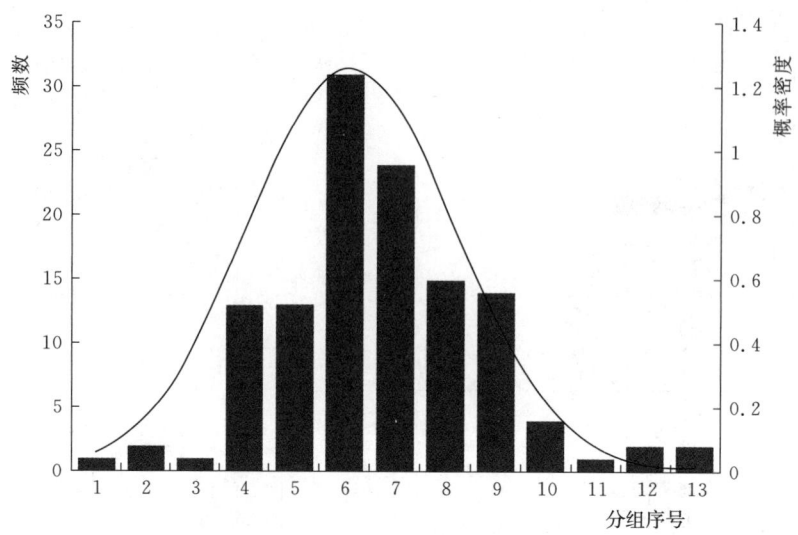

图 2.9　2016 年 2＋990 断面糙率正态分布拟合图

表 2.7　　　　　　　典型断面输水期逐月糙率期望与标准差

| 时间 | 2＋990 | | 20＋000 | | 49＋320 | | 93＋656 | |
|---|---|---|---|---|---|---|---|---|
| | 期望 | σ（10⁻³） | 期望 | σ（10⁻³） | 期望 | σ（10⁻³） | 期望 | σ（10⁻³） |
| 2011 | 0.0124 | 0.303 | 0.0148 | 0.816 | 0.0127 | 0.569 | 0.0128 | 0.891 |
| 2012 | 0.0125 | 0.160 | 0.0147 | 0.294 | 0.0126 | 0.291 | 0.0129 | 0.763 |
| 2014 | 0.0129 | 0.221 | 0.0152 | 0.701 | 0.0128 | 0.435 | 0.0138 | 0.715 |
| 2015 | 0.0131 | 0.208 | 0.0158 | 0.437 | 0.0131 | 0.476 | 0.0140 | 0.306 |
| 2016 | 0.0120 | 0.317 | 0.0162 | 1.091 | 0.0136 | 0.519 | 0.0144 | 0.581 |

由表 2.7 可知：

（1）2＋990 断面糙率区间为 0.0120～0.0131，20＋000 断面糙率区间为 0.0142～0.0167，49＋320 断面糙率区间为 0.0123～0.0142，93＋656 断面糙率区间为 0.0124～0.0147，各断面的糙率区间有所不同，均未超过设计值。

（2）断面糙率随时间变化有所改变，除了 2＋990 断面外，2016 年断面的糙率较 2011 年均有一定上升。

（3）2011 年为止渠道已投入运行 11 年，在相同设计施工的情况下，经过多年运行后的各段面糙率存在一定差异，表明渠道在不同区域的冲刷和具体工况有所不同。

### 2.2.6　糙率变化特征

由于北疆是长距离输水渠道，沿途的地理环境、管理维护和断面特征都有所差异，而且本次是长期的观测数据，糙率计算值在时间和空间上可能都会出现一定的差异，为了直观地分析干渠糙率的时空特征，在通过箱线图剔除异常值之后，绘制不同观测断面随时间变化的糙率计算值变化趋势见图 2.10。

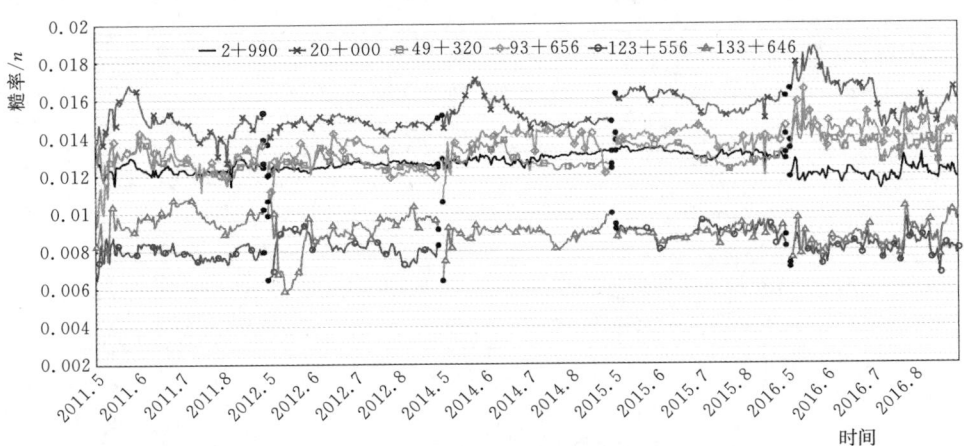

图 2.10　各断面实测糙率变化趋势图

由图 2.10 可以看出各断面在观测时间内糙率基本处于一个固定区间内，1~4 断面表现出一定的上升趋势，2016 年的糙率相较于 2011 年上升了 7%~12%，在断面 4 体现得最为明显，糙率平均每年上升了 2.5%；维护修理较为频繁的断面 5、断面 6 的糙率变化趋势性不明显，且所处区间较前几个断面低。由于每年稳定输水只有 4 个月，因此随时间变化的关系线是不连续的，从间断点可以看出，多数情况下每年初运行时糙率要比上一年运行结束时低，这与停水期渠道的修缮和清淤措施有关，并且清淤造成的糙率减小会随着渠道的运行有缓慢的回升趋势，从这个差值基本对应渠道清淤对糙率减小的影响程度。2016 年自渠首向下进行了 50km 的衬砌面改造工程，可以看出在 2+000 断面 2016 年实测糙率明显小于上一年，减小到了 0.012 左右，且衬砌面翻新导致的糙率减小短时间内并没有表现出回升的趋势。

原型观测结果表明，渠道投入运行后，实际糙率在渠道沿程分布并不均匀，且同一断面糙率随时间会差生一定变幅，各断面糙率随时间变化情况如图 2.11 所示。可以看出不同断面糙率所处区间有一定差异，除了 2+990 断面糙率在 2016 年大幅降低之外，其余断面糙率在 6 年间整体呈上升趋势，变幅为 7%~12%，表明渠道仍处于中期的运行水平，而 2016 年自渠首向下进行的 50km 衬砌面翻新使 2+990 断面糙率相较于上一年减小了约 8.4%，在断面形式和衬砌形式不变的情况下，表明渠道边壁粗糙程度对糙率有较明显影响。

北疆渠道的糙率虽然随时间呈现上升趋势，但是受渠道维修和翻新等人工维护的影响，糙率与时间并没有较稳定的相关性。在没有变断面的顺直渠段，造成断面糙率变化的因素为渠道边壁平整度，排除渠道系统维护造成的影响，为了研究边壁粗糙情况随时间的变化特征，可以采用描述边壁粗糙度的 $K_s$[20]

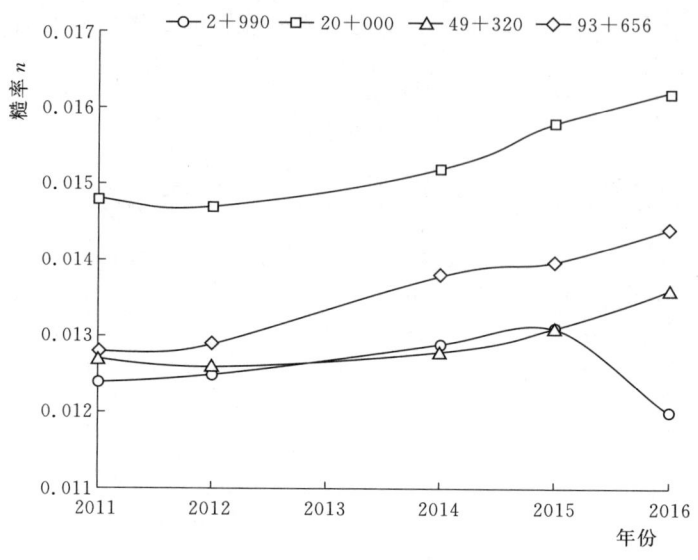

图 2.11 各断面糙率年际变化趋势

分析渠道糙率。以实测数据的计算值为基准,在 $K_s$ 均取 0.001 的情况下,采用 2016 年断面水力参数,比较各经验公式的计算偏差,$K_s$ 相同情况下,计算值基本相同,但与实测计算值偏差为 1%~9%,最大偏差出现在翻新的 2+990 断面,表明在同断面边壁粗糙度是影响糙率的主要因素,$K_s$ 的取值直接决定经验公式的精确性。选取计算偏差最小的美陆军兵团公式,采用最小二乘法,为使得经验公式计算值与实测数据计算值偏差 $J$ 最小,计算公式可写为

$$J_{\min} = \sum_{i=1}^{m}\left[n_i - \frac{R_i^{1/6}}{19.56 + 18\lg(R_i/K_s)}\right]^2 \quad (2.53)$$

式中:$i$ 为系列序号;$R_i$ 为对应水力半径;$n_i$ 为实测数据糙率;$K_s$ 为流体壁面粗糙度。

计算不同输水期各断面的 $K_s$ 值,$K_s$ 与时间基本呈线性关系,2+990~93+656 断面 2011 年的 $K_s$ 率定值分别为 0.00021、0.00131、0.00027、0.00033,年增幅分别为 15.09%、20.15%、15.23%、24.25%,若不进行系统的维护或翻新,20+000 断面糙率将在 4 年内超过设计值,其余断面在 10 年内也将超过设计值。在渠道达到远期运行水平前,衬砌面破坏的维修及淤积渠段的清理对维持糙率稳定十分重要,对于系统维护较复杂的长距离渠道,可以针对边壁粗糙度增幅较大的渠段重点管理维护。

## 2.2.7 糙率影响因素分析

通过对断面糙率的观测,可知北疆渠道糙率实测值并不稳定,不论是空间还是时间上都具有差异性,为了明确造成差异的原因并寻找变化的趋势,为渠

道的维护和调度提供参考，需要分析该糙率变化的影响因素。除了渠道的边坡系数，底宽，底坡等基本水力参数外，渠道的衬砌面、断面的形状、渠道的外部环境、维护和改造情况、渠底淤积等都会使渠道的实际糙率与设计值产生偏差。

虽然前人在各种试验中证明渠道的糙率系数会受到诸如弗劳德数、水深、流量、淤积、底坡和边壁粗糙度等多种因素的影响，但是对于已经投入运行的工程，很多因素是已经固定或较为稳定的，对于实际工程糙率影响的研究，需要结合工程的实际工况。

对于北疆渠道，环境方面，渠道所处地区气候环境较为恶劣，昼夜和季节温差都很大，每年都存在冻融循环，对渠道的混凝土衬砌面的维护十分不利；运行维护方面，北疆渠道已经投入运行10余年，由于地质等原因，部分渠段存在一定的滑坡风险，但是由于每年只有4—9月是输水期，停水期间渠道会进行一定维护和清淤处理，且水质较好，渠道几乎没有附着物和长期的泥沙淤积，监测断面的流速也较为稳定，并没有流态的变化；工程方面，渠道研究段均为梯形断面，没有明显的断面变化，各断面的坡度没有明显差异，为0.00008~0.0001，属于缓坡。因此北疆供水工程存在较明显的可变因素有水深、流量、水力半径、边壁粗糙程度和渠道的淤积。

#### 2.2.7.1 半径影响

根据经验公式可以看出糙率计算值与水力半径直接相关，但是水力半径并不是一个直接测量的水力参数，而是由过水断面与湿周的比值计算而来，对于同一个断面，水力半径是一个关于水深的函数，而在不同特征的断面上，相同的水深对应的水力半径也不相同。而在稳定供水期，渠道内流量和水位的关系较为稳定，从断面2+990的流量与水位变化曲线图2.12可以看出，渠道内的

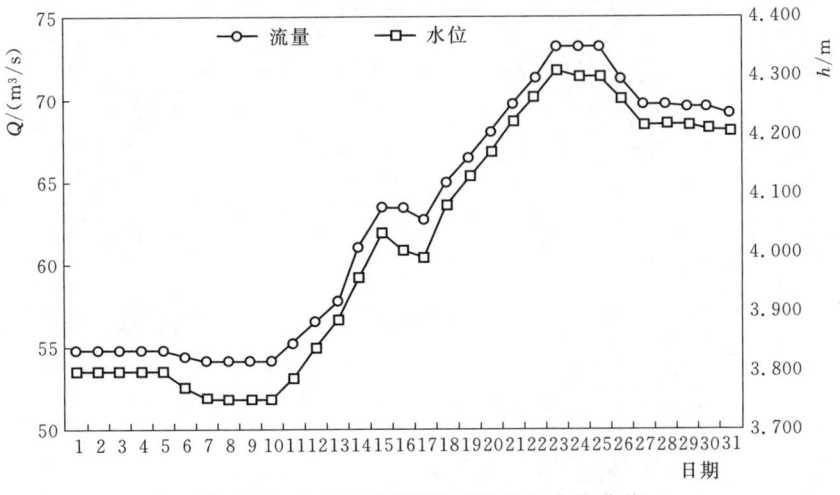

图2.12 2+990断面逐日流量与水位曲线

流量和水位基本呈现对应关系，因此流量、水深和水力半径这3个因素在同一个断面上的变化趋势是相同的，可以归结为水深变化的影响，分别绘制不同段面糙率和水力半径随水深 $h$ 的变化趋势如图 2.13 所示。

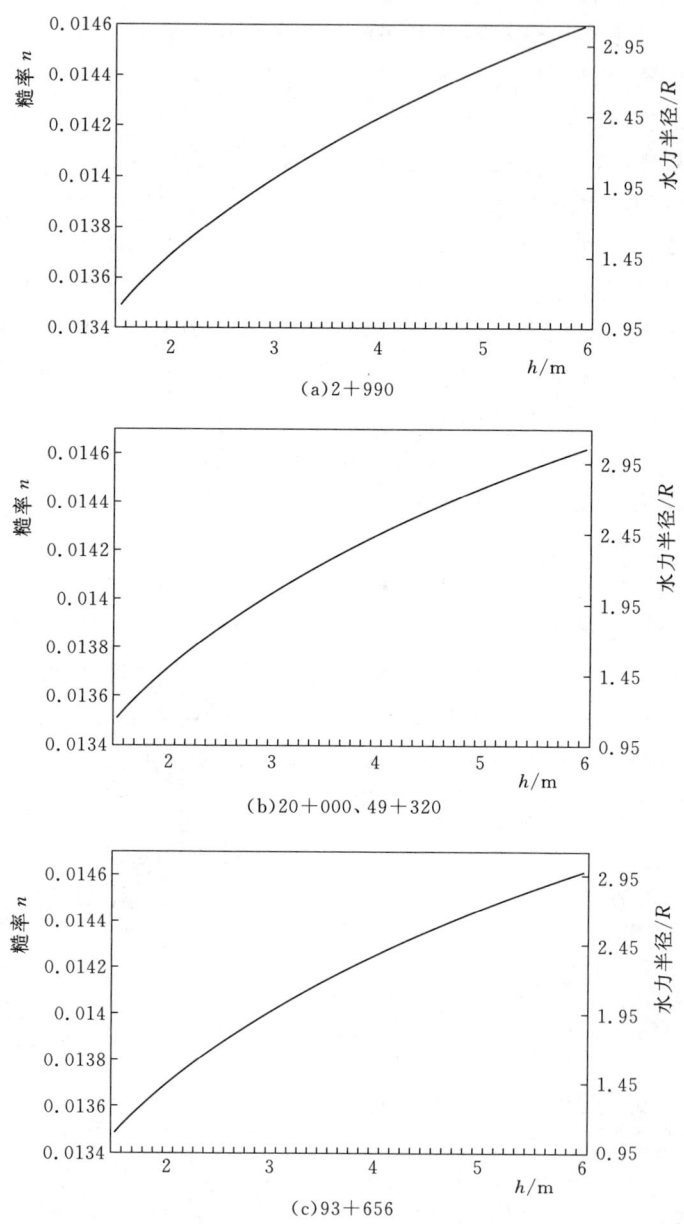

图 2.13 各断面 $R$-$h$ 及 $n$-$h$ 关系图

可以看出在同一断面上水力半径和水深呈线性关系，但是对于不同水力参数的断面，$R$-$h$ 关系的截距和斜率都有所不同，糙率在不同段面均随着 $R$ 的增大而增大，因此在维持正常供水水深和渠道安全的情况下，减小底宽 $b$ 和边坡系数 $m$ 能降低渠道的糙率。

虽然在模型试验中普遍认为渠道糙率会随着流量的增大而增大，但是在原型观测中，水位或流量的变幅对糙率的影响并不明显，稳定输水情况下，水位流量的关系较为稳定，渠道逐日水位-流量变化基本呈线性关系，仅列出各断面 2016 年 $h$-$Q$ 关系，如图 2.14 所示，即在同一个断面上，水位、流量和水力半径一一对应。

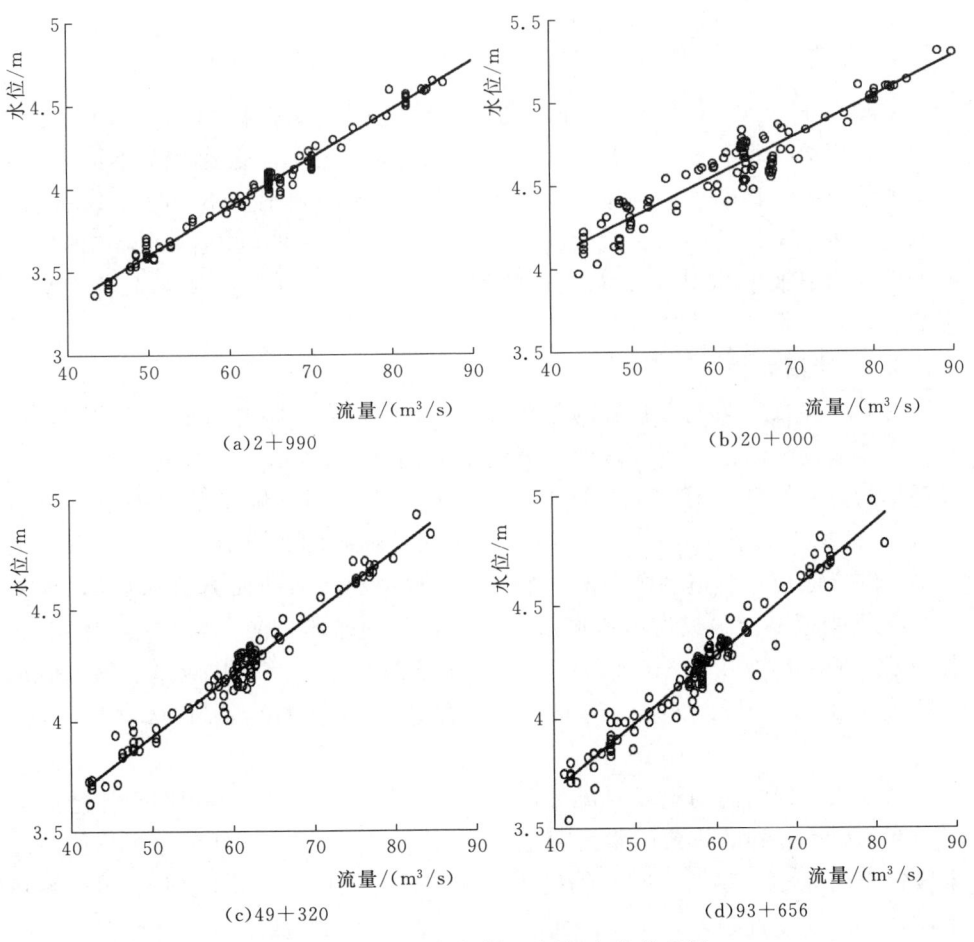

图 2.14　2016 年各断面流量-水位关系图

其中 2+990 断面在 2016 年进行了衬砌面改造，分别绘制该断面两年间的流量与糙率关系图 2.15。

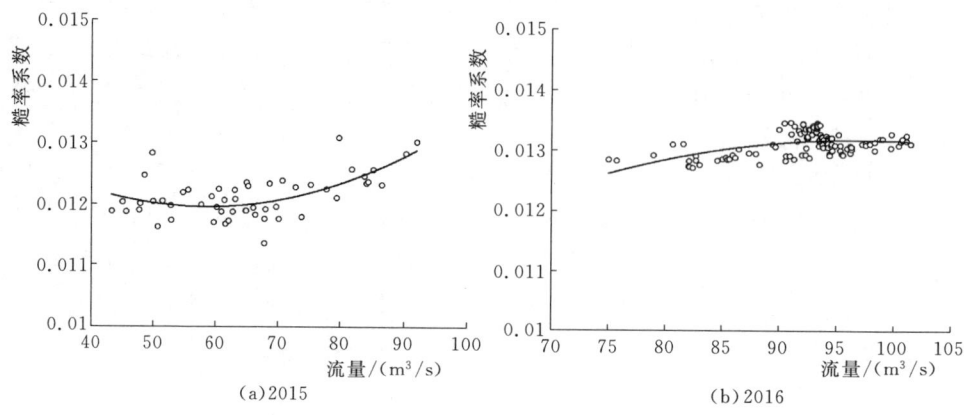

图 2.15　2+990 断面流量-糙率关系图

从图 2.15 可以看出同断面年内的实测糙率并没有随流量的增大而发生明显变化，水力半径和糙率系数基本处于一个稳定的区间，这表明流量水位关系稳定的情况下，该断面的糙率值也处于一个较稳定的状态，流量的大小并不是影响北疆供水渠道糙率的关键因素。与之相对的，2+990 断面 2016 年的糙率所处区间明显低于 2015 年，衬砌面的翻新对 2+990 断面的糙率有较为明显的影响。

#### 2.2.7.2　变断面

在同一渠段，边壁平整度的差异较小，影响边界形状的因素有弯道和过水建筑物造成的变断面，研究段的渠线情况如图 2.16 所示。结合断面糙率和渠段糙率的分析结果，渠段 1 接近 1/3 的长度都为隧道，隧道的糙率设计值为 0.014，模拟工况中为 0.013，要明显小于渠道糙率的设计值，沿线的弯道也较多，综合隧道、弯道和闸门的影响，渠段糙率比典型断面高出 0.003，偏差为 20%；渠段 2 沿线只有节制闸和分水闸，渠段基本顺直，模拟渠段糙率和典型断面糙率均为 0.016；渠段 3 除了两个节制闸外，没有其他建筑物，但是同渠段 1 类似，有较复杂的弯道，渠段糙率比典型断面高了 0.007，偏差为 33%。

由渠段 2 的断面与渠段对比可知闸门对渠段糙率的影响并不明显，造成渠段与断面糙率差异的主要因素为弯道，由渠段 3 对比结果可知弯道影响值约占渠段糙率的 33%，这与 Chow 等提出的糙率估算法中弯道影响值占比 30% 基本相符，而在顺直渠段，典型断面的糙率可以近似代替渠段的综合糙率。

#### 2.2.7.3　渠道维护

北疆渠道每年只有 4—9 月输水，有较长时间的停水期，且停水期渠道会经历冰期的冻融循环，渠段清淤和衬砌面维修工作较为频繁，为了分析停水期间断面糙率发生的变化，对比输水期结束前的 8 月份和来年初期输水的 5 月份糙率值如图 2.17 所示。

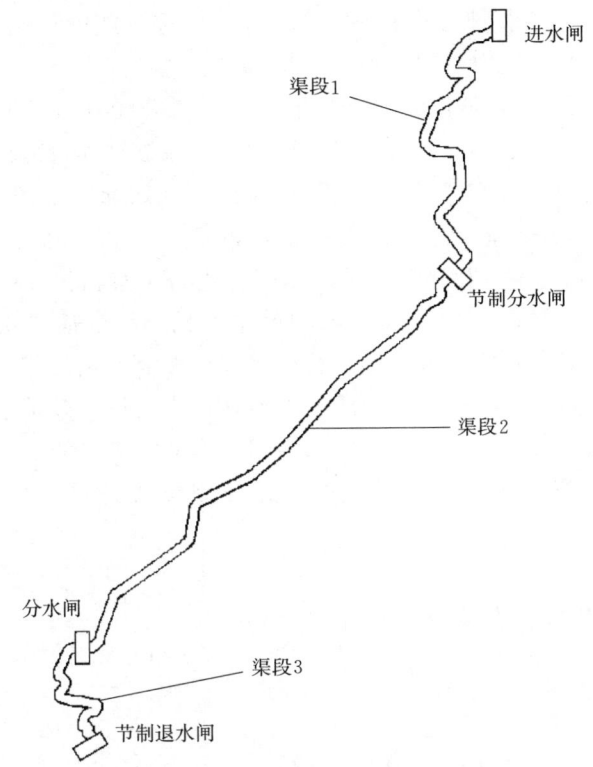

图 2.16　模型研究段渠线布置图

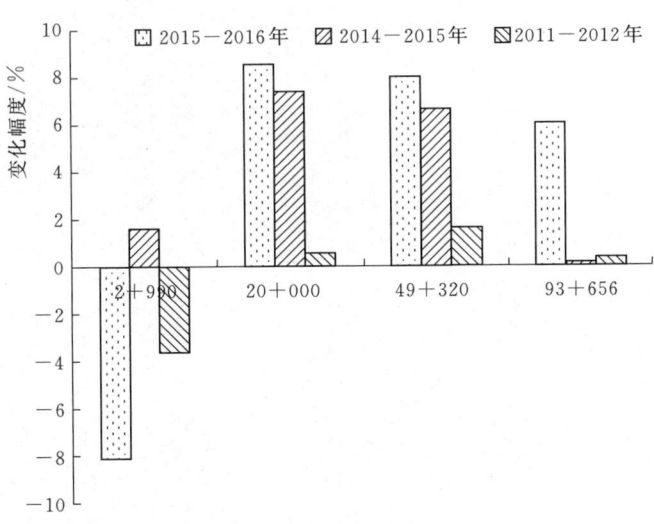

图 2.17　停水期前后断面糙率变化幅度

由图 2.17 可知在经过停水期后，除了 2+000 断面外糙率都有所增加，2012 年的增幅较小，而 2015 年和 2016 年的增幅为 5%～8%，与输水期内糙率变化较小不同，停水期间暴露在外的渠道所受的影响要明显大于输水期，且糙率越大的渠段冲淤能力越弱，通水后糙率增幅越明显。

根据渠道的运行编制年鉴：2012 年对总干渠全线进行了清淤维护，累计清淤 1794.75m³，总干渠进水段，将挡墙勾缝砂浆被水冲毁部位凿除，重新涂抹丙乳砂浆，对冲刷严重区域重新砌筑抹面；2016 年，由渠首向下进行了 50km 的衬砌面翻新。对于进行过系统清淤的 2012 年，开始供水后糙率的变幅在 1.6% 以内，基本维持在停水前的水平。进行了重新抹面的渠首段糙率减小了约 4%，次于 2016 年衬砌面翻新的糙率变幅。结合糙率随时间的变化趋势，停水期的维护对减小渠道后续运行的糙率变幅有一定的作用，衬砌面翻新能使渠道恢复初始运行状态，大面积的维修抹面也可以有效减小糙率；渠道的淤积较少，根据清淤情况，单位长度的渠道只有 0.013m³ 的淤积，部分渠段清淤工作对糙率的影响较小，而系统的清淤工作能维持渠道供水前后糙率的稳定。

## 2.3 率定结果及参数取值

### 2.3.1 精度验证

根据 2016 年实测水位流量资料（图 2.18 和图 2.19），对总干渠渠道糙率进行了率定，选取了桩号：2+990、20+000、49+320、93+656.9、123+556 共 5 个点的水位资料进行了验证，结果如图 2.20 所示。

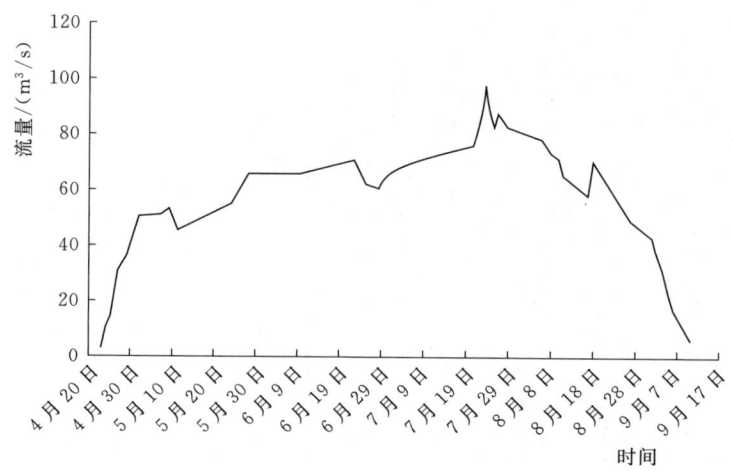

图 2.18 2016 年入渠流量（桩号：0+000）

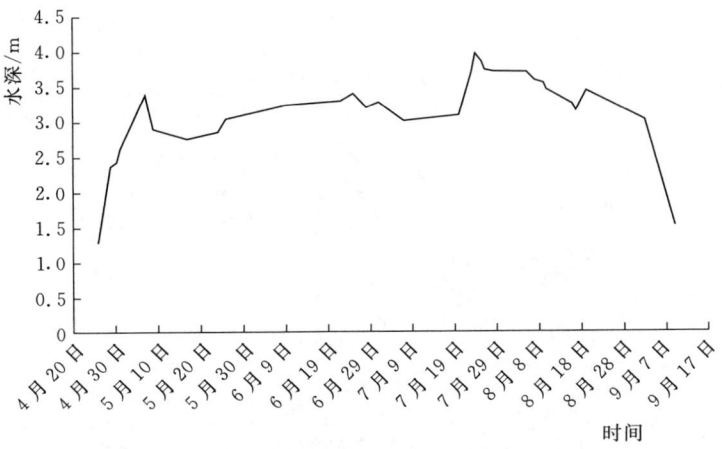

图 2.19　2016 年下游水位（桩号：135＋800）

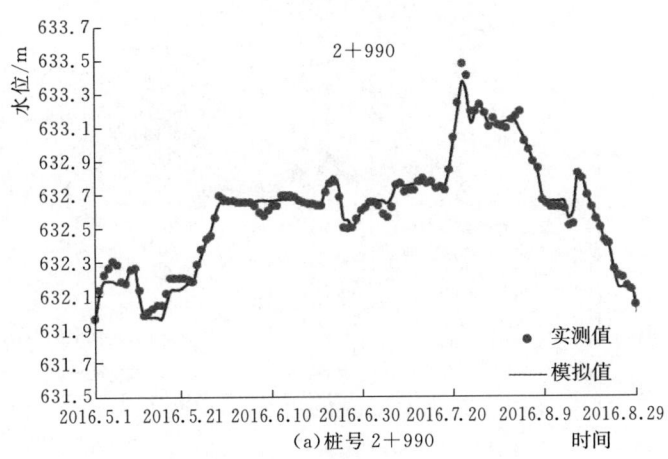

(a) 桩号 2＋990

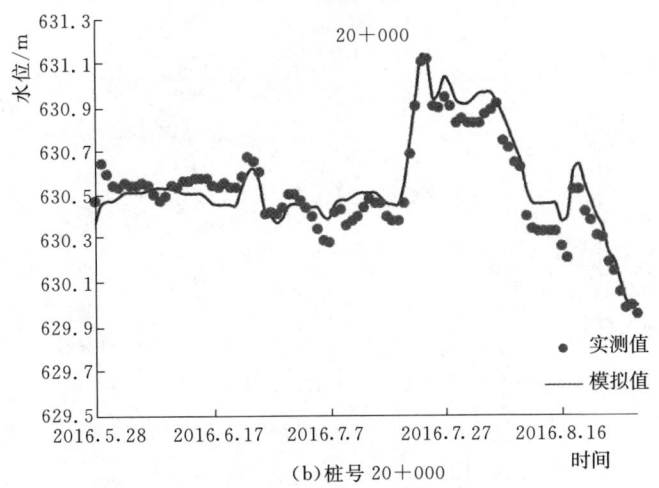

(b) 桩号 20＋000

图 2.20（一）　水位验证

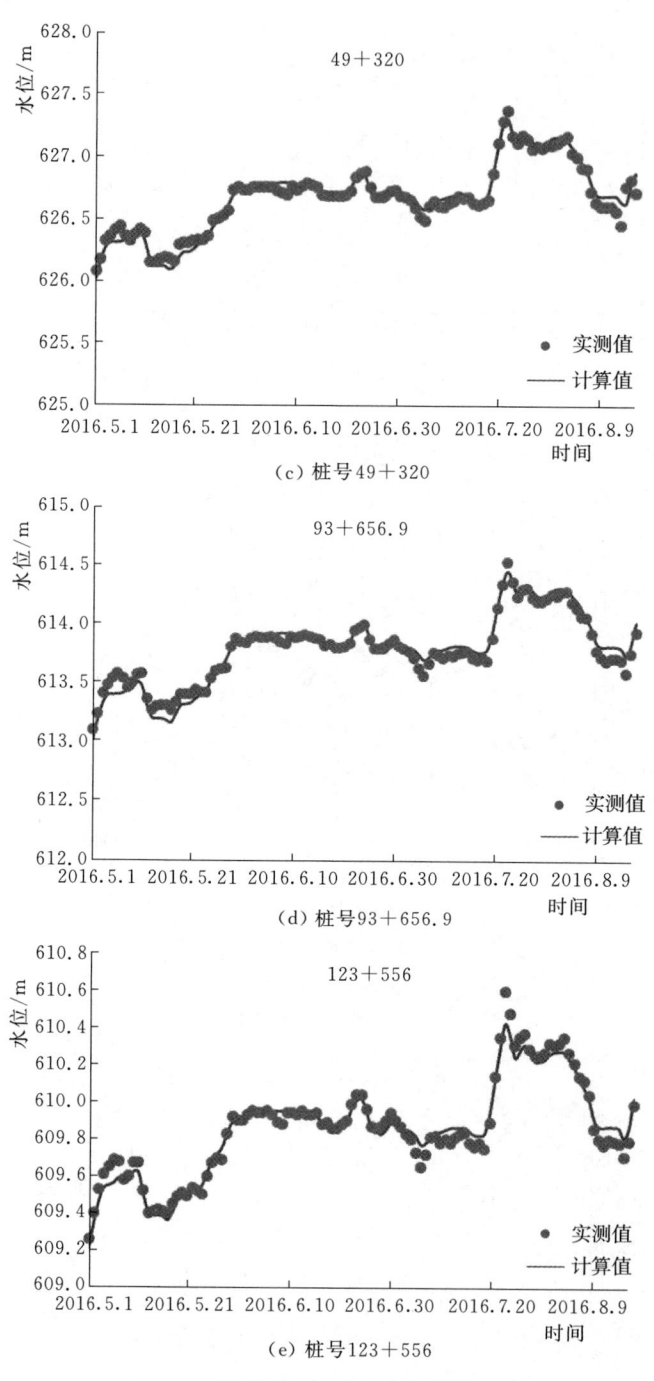

图 2.20（二） 水位验证

从图 2.20 中可以看出，通过对总干渠渠道糙率的率定，水位模拟值与实测值较为接近，模拟效果较好。使用纳什效率系数表征模拟结果的好坏，计算方法如下：

$$E = 1 - \frac{\sum_{t=1}^{T}(Q_0^t - Q_m^t)^2}{\sum_{t=1}^{T}(Q_0^t - \overline{Q_0})^2} \tag{2.54}$$

式中：$Q_0$ 为观测值；$Q_m$ 为模拟值；$Q^t$ 为第 $t$ 时刻的某个值；$\overline{Q_0}$ 为观测值的总平均。

计算结果见表 2.8。

表 2.8　　　　　纳 什 效 率 系 数

| 验证点 | 纳什效率系数（NSE） | 验证点 | 纳什效率系数（NSE） |
|---|---|---|---|
| 1 | 0.99 | 4 | 0.95 |
| 2 | 0.91 | 5 | 0.96 |
| 3 | 0.96 | | |

从表 2.8 中可以看出，率定后的水位模拟值，纳什效率系数均在 0.9 以上，除桩号 20+000 外，其余各点的那是效率系数均在 0.95 以上，说明率定效果非常理想。

### 2.3.2　参数取值

通过对数值模型的验证，与实测系列吻合较好，模型的基本参数取值见表 2.9。

表 2.9　　　　　参 数 率 定 结 果

| | 参　　数 | 取值 |
|---|---|---|
| 1 | 0+000～2+750 段糙率 | 0.015 |
| 2 | 2+750～7+283 段糙率 | 0.015 |
| 3 | 9+185～48+000 段糙率 | 0.016 |
| 4 | 48+000～57+300 段糙率 | 0.021 |
| 5 | 隧洞糙率 | 0.013 |
| 6 | 隧洞进口水头损失系数 | 0.45 |
| 7 | 隧洞出口水头损失系数 | 0.80 |
| 8 | 1号节制闸收缩系数 | 0.63 |
| 9 | 1号节制闸进口水头损失系数 | 0.30 |

续表

| | 参　　数 | 取值 |
|---|---|---|
| 10 | 1号节制闸出口水头损失系数 | 0.40 |
| 11 | 1号节制闸收缩系数 | 0.63 |
| 12 | 2号节制闸进口水头损失系数 | 0.35 |
| 13 | 2号节制闸出口水头损失系数 | 0.40 |

## 2.4　本章小结

本章基于圣维南方程方程组构建了一维水动力水质模型，并针对性地选取了渠道分段糙率、建筑物水头损失系数、闸门收缩系数三类模型参数进行了敏感性分析，认为渠道糙率对水面线的影响较为敏感，需要较为精确的取值以保证模型的准确性。根据实测水动力数据对模型进行了率定，率定后的水位模拟值，纳什效率系数均在0.9以上，除桩号20+000外，其余各点的那是效率系数均在0.95以上，模拟精度较高。

研究在构建水量、水流、水质模型的基础上，通过对渠道的正常工况进行模拟，检验模型在具体工况下计算精度，确定模型的参数取值可为渠道的应急调度措施提供数据支持。

# 第 3 章 高寒区供水渠道风险识别与应急调度研究

由于复杂的地形和环境状况高寒区供水渠道易突发各类突发险情，如常见的水质污染、工程事故和冰凌灾害等。为及时发现和解决此类险情，需制定适合的突发险情诊断技术。由于突发险情发生时，输水工程的水力或水质要素等也会发生相应的变化，故依靠这些要素的变化来诊断所发生的突发险情，综合考虑渠道及沿线湖库的调蓄能力，分析不同突发险情下应急调度各约束条件的影响及阈值，提出最优的应急调度措施。自适应应急调度技术主要应用与突发险情后的应急调度，其主要步骤如图 3.1 所示。本章内容主要介绍自适应应急调度技术中对突发险情识别、典型突发险情发生时的模型构建结果和初步搭建应急救援体系三部分，以此为后续自适应调度提供参考资料。

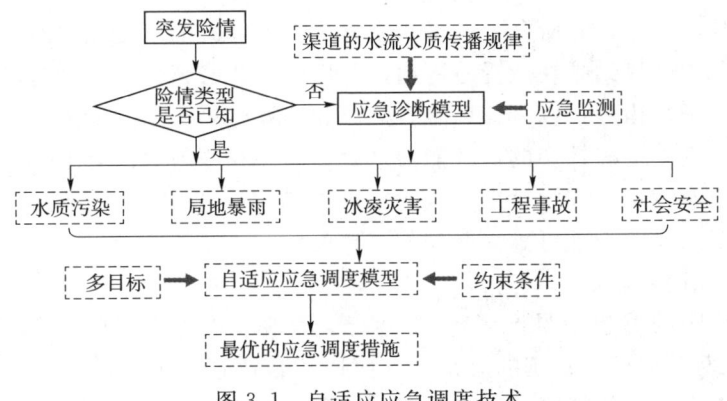

图 3.1 自适应应急调度技术

## 3.1 高寒区供水渠道风险因子识别

### 3.1.1 风险分析

风险的概念大致分为狭义和广义两种：狭义风险侧重风险后果不确定性，将风险看作发生概率与其后果的函数；广义风险侧重风险的不确定性，认为风险可能带来威胁也可能带来机会（李爱花，2009），但在水利工程风险研究中更侧重于风险后果的研究。

造成系统风险的因素很多，其后果严重程度也各不相同。忽略或遗漏某些重要因素对于系统设计和管理的科学化是重大隐患，然而面面俱到地考虑每个因素又会使问题复杂化。而水利工程的风险大多情况指的是主观上无法控制的因素，这些不可控因素一旦发生，便时刻威胁着工程质量和人员财产安全，以致造成严重的影响甚至是重大事故。风险分析则可以提前对问题有一个综合性的掌控，从而使相关人员提前做好应对风险的准备工作，这样可有效地预防和减少风险的发生。潜在的风险则需要相关人员对这些不确定的因素详细分析、总结，预测出每种因素与风险的关联，从而计算出一个详细的会发生风险的几率。最终，对风险会引发的后果也要提前预知，提前想出应对措施。故一个完整的系统风险评价程序应由五部分内容组成：风险识别、风险估算、风险评价、风险减缓、风险决策。根据系统风险评价的内容组成，可以将系统风险评价分为三个阶段。

（1）风险识别。通过对历史数据的分析和危害分析确定可能出现的重大事故。

（2）风险估算。根据对已缺点的重大事故的频率估算和后果分析，给出其发生概率。

（3）风险减缓。本阶段的任务是根据人类和社会的承受能力对分析结果进行评价，如果估算结果在承受范围内，程序结束；若超出了承受范围，则提出相应的风险减缓措施，以降低风险直到风险估算结果在承受能力范围内。

然而，就人类和社会的承载能力来讲，国外和国内都没有形成一个共同的标准，即没有确定的风险标准。风险标准的制定往往和社会的经济发展状况、文明程度及人民的心理可承受能力紧密相关。

#### 3.1.1.1 风险管理

风险管理的思想最早产生于 18 世纪，并由法国学者 Heni Fayol（1982）在 19 世纪对其进行了系统的总结，并应用于企业管理中。进入 20 世纪以后，美国管理协会保险部提出了风险管理的概念，随着更多学者的参与，逐步形成了相关的基本理论、观点、方法和求解问题的框架等。目前风险应用已由最初的经济领域发展到保险、航天、工程等各个领域。

我国水利工程风险研究开展较晚，到 20 世纪 80 年代末才有了水利工程建设可靠性的研究（李英才，2004），进而发展为水利工程风险的研究。目前风险管理在水库、大坝、堤防和渠道等水利工程的施工、投资、运行等各方面得到了广泛应用：黄强等（1998）对水库调度中的风险概念、性质和类型、风险管理的基本模式进行了说明；王振强等（2004）提出了在大型水利工程项目中将投资风险模型 CIM 与蒙特卡罗模拟技术相结合的项目投资风险估计方法；

李继清等（2003）基于最大熵原理，分块辨识水利工程效益风险因子，建立了经济效益风险分析模型；刘勇等（2005）构建了长距离供水工程风险分析的基本框架；钟登华等（2008）对水利工程风险因子进行识别，并利用层次分析法得到了工程面临的风险因子对工程影响大小总排序；郭建辉等（2016）利用模糊综合评价法对水利工程施工阶段各个项目施工进度风险进行了评价；Su H. 等（2016）提出了描述水利工程泥石流风险多重影响因素的评价指标体系，采用基于案例推理和模糊优选识别方法，建立水利工程泥石流风险评价模型。

#### 3.1.1.1.2 环境污染风险

环境污染作为一个重大社会问题，是从产业革命开始的。进入 20 世纪，特别是二次世界大战之后，科学、工业、交通都迅猛发展，工业过分集中，城市人口过分密集，环境污染由局部扩大到区域，由单一大气污染扩大到大气、水体、土壤和食品等多方面，酿成不少震惊世界的公害事件。为治理和改善已被污染的环境，防止新的污染发生，就要求加强环境管理。1964 年在加拿大召开的国际环境质量评价会议上，学者们首先提出了"环境影响评价"的概念。发达国家环境影响评价的实践经历了曲折的道路。开始时，环境影响评价仅限于资料的收集和整理、环境现状的调查，繁琐而无重点的工作常常导致工程延期、费用增加，所有这些都促使人们对环境影响评价工作进行改进和完善。80 年代，在一些国家，环境影响评价的范围由只考虑对自然因素的影响发展到包括社会和经济影响在内的全面环境影响，出现了环境风险评价。90 年代，围绕可持续发展战略的实施，环境风险评价成为环境影响评价中特别关注的问题之一。

随后，环境影响风险评价常称为事故风险评价，在国际上主要沿着三条路线发展的：其一称为概率风险评价（probability risk assessment，PRA），它是在事故发生前，预测某设施（或项目）可能发生什么事故及其可能造成的环境（健康）风险。其最好的范例是美国核管会于 1975 年完成的对核电站所进行的系统安全研究，其研究结果是著名的 SH-1400 报告，其系统地发展和建立了所谓的概率风险评价方法（PRA）；其二称为实时（real-time）后果评价，其主要研究内容是在事故发生期间实时监测有毒物质的迁移轨迹及浓度分布，以便做出正确的防护措施，减少事故的危害。主要象征之一是国际原子能机构于 1988 年 10 月与美国利物莫国立实验所在该所联合召开的第一届实时剂量评价国际研讨会；其三称为事故后果（over-event 或 past-accident）评价，主要研究事故停止后对环境的影响。其主要象征是 1988—1994 年由 IAEA 及欧盟共同发起和主持的有 20 多个国家参加的大型长期国际协调研究项目"核素在陆地、水体、城市诸环境中迁移模式有效性研究"（简称"VAMP"），主要研究苏联切尔诺贝利核电站事故停止后对中、西欧的影响后果。

资源水工程的可靠性（风险）研究在国外始于 70 年代初。当时占优势的方法是失事树分析法，用这种方法计算系统中两个指定节点能连接起来的概率。它用图解法描述系统内各元件间的连接情况，并用各元件的失事概率来计算整个系统的可靠性。E. J. Henley（2006）和 H. Kumamoto（2007）做了较详细探讨。此后，水资源工程可靠性与风险研究得到了迅速发展，在整个 80 年代发表了大量论文，主要涉及洪水，大坝安全决策、堤防，等等。重点转移到网络可靠性问题上，这是计算机设计、通信和计算机网络的需要促成的。

在我国，在 80 年代也开始了对事故风险的重视与研究工作。国家环保局于 1990 年下发第 057 号文，要求对重大环境污染事故隐患进行环境风险评价。90 年代，在我国重大项目的环境影响报告中也普遍开展了环境风险的评价，特别是世界银行和亚洲开发银行贷款项目的环境影响报告中必须包含环境风险评价的章节。

### 3.1.1.3 风险事件关联机理

风险事件的发生是某一孕险环境中的风险源与承载体发生相互作用的过程。风险源为风险作用的主体，如桥梁安全风险中的起重设备失灵、灾害风险中的滑坡灾害；承载体为风险作用的受体，如桥梁、人员、环境；孕险环境为风险源与承载体所处的外部环境，如已发生某种风险事件的外部环境、无任何其他风险源的外部环境；相互作用形式用于描述风险源与承载体之间的关系。相同风险源与承载体处于不同环境时，造成的后果可能完全不同，这就是风险事件间关联的本质。由于对复合链式结构中各风险事件发生概率及损失的评估甚为复杂，专家调查结果的主观性和不确定性较大，难以对实际工程中各分支间存在关联关系的复合链式风险结构进行准确的风险评估，需对复合链式风险结构进行简化。

将复合链式结构分解为多条可能的简单链式结构。当分解所得的各条简单链式结构中存在相同的次生或衍生风险事件元素时，在偏安全考虑的情况下，对相关的简单风险链进行风险期望估计，最终选取风险等级最高的结果作为相关简单风险链风险等级的代表结果；对于不存在相同次生或衍生风险事件元素（可存在相同的原生风险事件）的各条简单链式结构，在独立对各条链式结构进行评估后，对其进行叠加以得到复合链式结构的等效风险评价结果。

### 3.1.1.4 风险评估

风险评估主要从三部分进行。一是进行风险诱因、风险源、可能风险调查：风险诱因、风险源和风险三者串联构成了水利枢纽的风险产生链，当风险诱因作用于风险源，并超过供水系统及附属建筑物或区域的风险承载能力时，将触发风险事件或风险事故。因此，为了弄清风险在供水系统之间的传递与拓扑转化关系,也有必要对风险传递路径和方式进行系统调查。二是风险监测体系、风险管控措施和在用生产调度系统调查:大部分供水系统的监测数据由不同部门掌握,存在信息孤岛现象,且不同生产调度系统对风险的响应与调度策略、规则不同,缺乏统一的风险调度决策平台。因此,为了使检测体系更加完备,需要系统开展供水系统的风险监测体系、应对风险措施和在用生产调度系统等方面的调研。三是计算风险发生的频率:贝叶斯决策分析就是在不完全情报下,对部分未知的状态用主观概率估计,然后用贝叶斯公式对发生概率进行修正,最后再利用期望值和修正概率做出最优决策。

综合以上风险评估方法,将其应用到高寒区供水渠道,制定了适用的风险评估方法,在传统方法的基础上结合了头脑风暴、专家调查及贝叶斯网络法,使评估结果更为精确可靠,主要步骤如下:

(1) 采用传统的头脑风暴法对各关键风险源进行识别。

(2) 利用专家调查法获得各风险因素间的关联关系和关联程度、各风险因素的发生概率(独立、条件风险概率)、风险产生的损失(独立发生时的损失、特殊条件下发生时的损失)等信息。

(3) 调研国内外相关的风险机理研究、风险管控研究等方面文献,前往相关部门,收集相关风险专项调研报告、各类专项应急预案、生产调度系统的设计和操作手册等资料。

(4) 现场走访供水系统及周边县市、村落,以座谈会形式与当地村民、移民代表进行交流,记录他们所述的风险诱因、风险源和可能风险事件。前往风险源监测现场,参观风险监测的硬件设备、数据采集系统;前往相关部门,参观在用生产调度系统,与一线管理和调度人员座谈,了解风险监测方式、方法、生产调度系统功能模块、接口、与其他系统的衔接模式等。

(5) 向在供水系统工作的一线管理人员、调度人员,以及周边县市、村落水利局、水文局、地震局、农业局、渔业局、移民局等的管理人员,发放风险诱因、风险源、可能风险事件和风险监测体系的专项问卷调查表。了解当前风险诱因、风险源、潜在风险时间、风险监测指标、监测方式、监测方法、数据类型、数据存储格式、数据管理单位,以及可能存在的监测盲区和需要补充监测的参数。

(6) 结合贝叶斯统计及贝叶斯网络知识,对最终的链式风险体系进行评估。在概率估计时,只考虑产生直接影响的前缘风险事件对概率的影响,不考虑间接影响。例如,对于简单链式风险结构"A → B → C"而言,在对风险事件 C 进行概率估计时,只考虑风险事件 B 发生状态对其概率的影响,而不考虑风险事件 A 的影响。同时,为了进一步减小主观性和偶然性的影响,应尽可能采用更多的专家调查结果。对于关键风险事件的损失评估,由于缺乏可靠的历史测量数据及评价方法，暂时无法对非叠加性风险影响的大小进行评估。故在链式风险评估中，忽略不同关联情况下风险损失的非叠加性影响，认为只要风险发生，其损失值即为某一固定值，且当多个风险事件同时发生时，其风险损失值满足叠加性影响。当风险事件 A 发生而风险事件 B 不发生时，风险链的风险损失即为风险事件 A 单独发生时的风险损失。当风险事件 A 不发生而风险事件 B 发生时，该风险链的风险损失即为风险事件 B 单独发生的风险损失。而当风险事件 A 与风险事件 B 均不发生时，该风险链的风险损失之和即为 0。

### 3.1.2 风险因子识别

风险识别是风险分析的第一步，是对项目所面临的及潜在的风险加以判断，归类和鉴定风险性质的过程，找出风险及引起风险的主要因素（姜蓓蕾，2008），对于风险管理具有重要意义。目前我国供水渠道风险识别研究主要集中在南水北调工程，但其风险识别结果对北疆供水工程不能完全适用。因此建立一种基于关联矩阵的风险因子与事件分析模型，利用风险事件关联机理和风险评估，并将其应用到北疆供水工程上，分析易对工程安全运行产生影响的风险因子，及工程运行期间易发生的风险事件，可为渠道风险防范和管理提供依据。

#### 3.1.2.1 风险因子与时间分析模型

风险因子是风险事件发生的潜在因素，同时风险事件之间也可以互相影响。模型旨在建立风险因子与风险事件之间、风险事件与风险事件间的关联，以分析易影响工程正常运行的风险因子及工程易发生的风险事件。

将工程风险因子及风险事件分别表示为矩阵 $F$ 和 $E$：

$$F_{1 \times n} = \begin{bmatrix} f_1 & f_2 & \cdots & f_i & \cdots & f_n \end{bmatrix} \tag{3.1}$$

$$E_{1 \times m} = \begin{bmatrix} e_1 & e_2 & \cdots & e_j & \cdots & e_m \end{bmatrix} \tag{3.2}$$

式中：$f_i$ 为第 $i$ 项风险因子，$1 \leqslant i \leqslant n$；$e_j$ 为第 $j$ 种风险事件，$1 \leqslant j \leqslant m$。

为了判断各项风险因子与各种风险事件之间的因果关系，建立风险因子与风险事件间的关联矩阵 $A$：

$$A_{m \times n} = \begin{bmatrix} m(f_1,e_1) & m(f_2,e_1) & \cdots & m(f_n,e_1) \\ m(f_1,e_2) & m(f_2,e_2) & \cdots & m(f_n,e_2) \\ \vdots & \vdots & \ddots & \vdots \\ m(f_1,e_m) & m(f_2,e_2) & \cdots & m(f_n,e_m) \end{bmatrix} \tag{3.3}$$

$m(f_i,e_j)$ 表示第 $i$ 项风险因子与第 $j$ 种风险事件之间的关系，$1 \leqslant i \leqslant n$，$1 \leqslant j \leqslant m$，其取值为 0 或 1：

$$m(f_i,e_j)=\begin{cases}0,第\ i\ 项风险因子不能直接导致第\ j\ 种风险事件的发生\\1,第\ i\ 项风险因子可以直接导致第\ j\ 种风险事件的发生\end{cases}$$
(3.4)

为了判断风险事件与风险事件间的关联，建立风险事件与风险事件间的关联矩阵 $\boldsymbol{B}$：

$$\boldsymbol{B}_{m\times m}=\begin{bmatrix}m(e_1,e_1) & m(e_2,e_1) & \cdots & m(e_n,e_1)\\m(e_1,e_2) & m(e_2,e_2) & \cdots & m(e_n,e_2)\\\vdots & \vdots & \ddots & \vdots\\m(e_1,e_m) & m(e_2,e_m) & \cdots & m(e_m,e_m)\end{bmatrix}$$
(3.5)

$m(e_i,e_j)$ 表示第 $i$ 种风险事件与第 $j$ 种风险事件之间的关系，$1\leqslant i\leqslant n$，$1\leqslant j\leqslant m$，其取值为 0 或 1：

$$m(e_i,e_j)=\begin{cases}0,第\ i\ 种风险事件的发生对第\ j\ 种风险事件的无影响\\1,第\ i\ 种风险事件的发生对第\ j\ 种风险事件的发生\end{cases}$$
(3.6)

在矩阵运算中，一个行向量乘以矩阵，相当于矩阵行之间的线性组合；矩阵乘以列向量，相当于矩阵列之间的线性组合，行向量或列向量的元素可以视为矩阵的行或列在线性组合时的系数。所以研究风险因子与风险事件间、风险事件与风险事件间的关系，可将矩阵 $\boldsymbol{A}$、$\boldsymbol{B}$ 的左乘行向量或右乘列向量，若只关注每项风险因子可直接引发的风险事件数量、每种风险事件与几项风险因子有关、每种风险事件可引起的其他风险事件发生的数量等数量问题，则这个系数可取为 1。

1. 风险因子与风险事件的关联分析

为更直观地观察每项风险因子对风险事件的影响，将矩阵 $\boldsymbol{A}$ 左乘一个元素均为 1 的 $m$ 列的行向量，得到向量 $\boldsymbol{C}_1$：

$$\boldsymbol{C}_1=\begin{bmatrix}1 & 1 & 1 & \cdots & 1\end{bmatrix}\begin{bmatrix}m(f_1,e_1) & m(f_2,e_1) & \cdots & m(f_n,e_1)\\m(f_1,e_2) & m(f_2,e_2) & \cdots & m(f_n,e_2)\\\vdots & \vdots & \ddots & \vdots\\m(f_1,e_m) & m(f_2,e_m) & \cdots & m(f_n,e_m)\end{bmatrix}$$
$$=\begin{bmatrix}c_{11} & c_{12} & c_{13} & c_{14} & c_{15}\end{bmatrix}$$
(3.7)

$c_{1i}$ 表示第 $i$ 项风险因子可直接导致的风险事件数量，$1\leqslant i\leqslant n$。

为观察可引起每种风险事件发生的风险因子数量，将矩阵 $\boldsymbol{A}$ 右乘一个元素均为 1 的 $n$ 行的列向量，得到向量 $\boldsymbol{C}_2$：

$$\boldsymbol{C}_2=\begin{bmatrix}m(f_1,e_1) & m(f_2,e_1) & \cdots & m(f_n,e_1)\\m(f_1,e_2) & m(f_2,e_2) & \cdots & m(f_n,e_2)\\\vdots & \vdots & \ddots & \vdots\\m(f_1,e_m) & m(f_2,e_m) & \cdots & m(f_n,e_m)\end{bmatrix}\begin{bmatrix}1 & 1 & 1 & \cdots & 1\end{bmatrix}^{\mathrm{T}}$$

$$= \begin{bmatrix} c_{21} & c_{22} & \cdots & c_{2i} & \cdots & c_{2m} \end{bmatrix}^{\mathrm{T}} \tag{3.8}$$

$c_{2i}$ 表示可直接引发第 $i$ 项风险事件的风险因子的数量，$1 \leqslant i \leqslant m$。

2. 风险事件间的关联分析

为观察每种风险事件对其他风险事件的影响，将矩阵 $\boldsymbol{B}$ 左乘一个元素全均为 1 的行向量，得到向量 $\boldsymbol{D}_1$：

$$\boldsymbol{D}_1 = \begin{bmatrix} 1 & 1 & 1 & \cdots & 1 \end{bmatrix} \begin{bmatrix} m(e_1,e_1) & m(e_2,e_1) & \cdots & m(e_m,e_1) \\ m(e_1,e_2) & m(e_2,e_2) & \cdots & m(e_m,e_2) \\ \vdots & \vdots & \ddots & \vdots \\ m(e_1,e_m) & m(e_2,e_m) & \cdots & m(e_m,e_m) \end{bmatrix}$$

$$= \begin{bmatrix} d_{11} & d_{12} & \cdots & d_{1i} & \cdots & d_{1m} \end{bmatrix} \tag{3.9}$$

$d_{1i}$ 表示第 $i$ 种风险事件的发生可引发的包括自身在内的风险事件的数量，$1 \leqslant i \leqslant m$。

为观察每种风险事件受其他风险事件的影响，将矩阵 $\boldsymbol{B}$ 右乘一个元素全均为 1 的列向量，得到向量 $\boldsymbol{D}_2$：

$$\boldsymbol{D}_2 = \begin{bmatrix} m(e_1,e_1) & m(e_2,e_1) & \cdots & m(e_m,e_1) \\ m(e_1,e_2) & m(e_2,e_2) & \cdots & m(e_m,e_2) \\ \vdots & \vdots & \ddots & \vdots \\ m(e_1,e_m) & m(e_2,e_m) & \cdots & m(e_m,e_m) \end{bmatrix} \begin{bmatrix} 1 & 1 & 1 & \cdots & 1 \end{bmatrix}^{\mathrm{T}}$$

$$= \begin{bmatrix} d_{21} & d_{22} & \cdots & d_{2i} & \cdots & d_{2m} \end{bmatrix}^{\mathrm{T}} \tag{3.10}$$

$d_{2i}$ 表示可引发第 $i$ 种风险事件的发生风险事件的数量，$1 \leqslant i \leqslant m$。

3. 风险因子与风险事件分析

使用 Rank 函数对向量中元素从大到小进行排序，$\boldsymbol{C}_1$ 中数值大的元素对应的风险因子表示此种风险因子易影响工程正常运行，$\boldsymbol{C}_2$ 中数值大的元素对应的风险事件表示此种风险事件易发生，$\boldsymbol{D}_1$ 中数值大的元素对应的风险事件表示此种风险事件发生后易引发其他风险事件的发生，$\boldsymbol{D}_2$ 中数值大的元素对应的风险事件表示此种风险事件易受到其他风险事件的影响。

#### 3.1.2.2 北疆供水工程风险事件

风险事件是对可能发生在工程中的事件的描述（管理学大辞典，2013），在北疆供水工程中风险事件为影响其正常供水水量和水质的事件，本书通过总结北疆供水工程在实际运行期间发生的影响工程正常运行的事件及参考其他工程的风险事件来概括北疆供水工程的风险事件。

查阅 2011—2016 年北疆供水工程运行年鉴，工程运行期间影响工程运行的事件有暴雨、融雪性洪水导致的水毁破坏、渠坡滑坡、衬砌面板破坏、渠底鼓胀、沉陷等，查阅文献（杨元红等，2018；贡力，2014；杜霞等，2011；熊志刚，2011；黄永江，2004；陈永红，2003；郭吉芹，1991）中出现的影响工程运行的事件,对其进行总结列表 3.1,按照事件作用对象类型对事件进行分类,可归结为 3 种:渠道、隧洞、渡槽等建筑物破坏,机电设备故障和水质不达标(图 3.2)。

表 3.1　　　　　　　　　供水工程风险事件

| 工程名称 | 工程地理位置 | 事件 |
| --- | --- | --- |
| 南水北调中线 | 河南、河北、北京、天津 | 交叉建筑物整体失稳、渗漏水、裂缝 |
| | | 明渠漫顶、沉陷、失稳 |
| | | 隧洞突水突泥,地基塌陷、顶部地面塌陷 |
| | | 管道爆裂 |
| | | 水质污染 |
| | | 断电及机电设备故障 |
| 黔中干渠 | 贵州 | 渠道淤堵,垮塌 |
| | | 水质污染 |
| 汾河二坝西干渠 | 山西 | 渠道滑坡 |
| 槐南灌区干支渠 | 河北 | 渠道沉陷、断裂、倒塌、滑动、裂缝 |
| | | 闸门、启闭机破坏或失灵 |
| | | 渡槽渗漏 |
| 引大入秦 | 甘肃 | 滑塌、沉陷、淤积、渗漏、渠道变形 |
| 北部引嫩渠道 | 黑龙江 | 渠道滑坡、塌坡,渠道变形,泥沙淤积 |
| 玛纳斯河引水总干渠 | 北疆 | 渠道滑坡、鼓胀,渗漏,坡角失稳,泥沙淤积 |

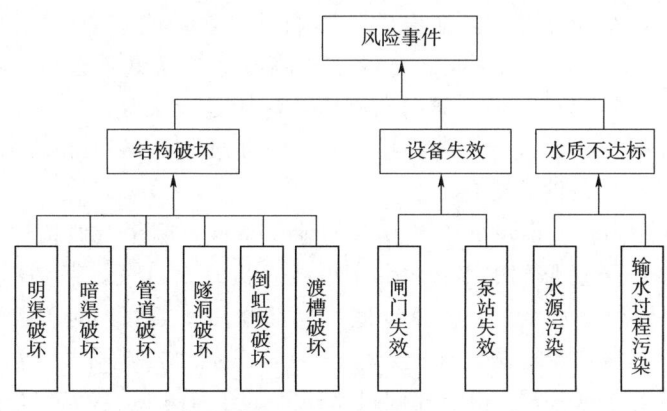

图 3.2　供水工程风险事件

结合北疆供水工程的特性,其风险作用对象为明渠、隧洞、渡槽、闸门和水体,发生的风险事件为明渠滑坡、明渠滑移、明渠沉陷、明渠漫顶、明渠管涌、明渠渗漏、隧洞渗漏、隧洞塌方、隧洞突水突泥、渡槽滑移倾覆、渡槽渗漏、渡槽漫顶、闸门失效、水体污染,见图3.3。

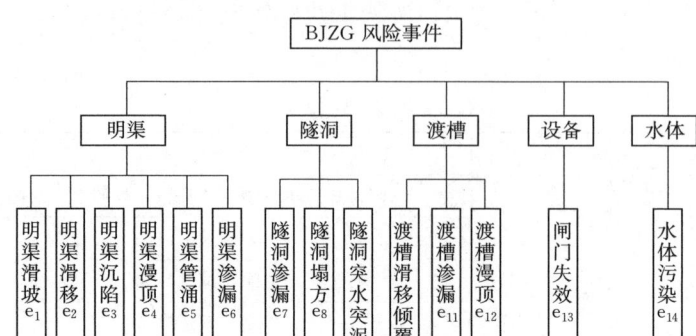

图 3.3 北疆供水工程风险事件

### 3.1.2.3 北疆供水工程风险识别

按照风险的作用对象来分,可将北疆供水工程分为建筑物、设备、水体三部分,对不同部分根据其特性分别采用不同的风险因子识别方法:建筑物部分因涉及建筑物较多,为使得识别结果简明、有层次,采用层次分析法识别风险因子;设备和水体部分影响工程供水水质水量的方式较简单,可采用故障树分析法进行风险因子识别。为反映整个工程中风险间的相互作用,采用贝叶斯网络法对工程综合风险因子进行识别。

1. 建筑物风险因子识别

供水工程中建筑物的风险主要是指工程本身的质量问题,或因外界条件的变化导致建筑物结构破坏或功能失效,影响供水水量或水质的风险(黄昌硕,2009)。工程本身质量问题主要来自设计缺陷或施工质量不合格,在北疆供水工程中建筑物的类型有明渠、隧洞和渡槽,无论是专家鉴定还是工程实际运行的检验,都证明工程的设计及施工质量完全满足要求,所以北疆供水工程的风险主要来源于外界条件的变化。

由于供水距离长,渠道面临着复杂的地质条件,明渠及渡槽地基以老三系为主,渠底为中-强膨胀岩的渠长占到了渠线总长的31.6%,存在着边坡稳定的问题;部分渠段地下水水位接近于渠底,局部略高于渠底,对工程的稳定和供水水质都会产生影响;隧洞洞顶覆岩体全为老三系砂岩、泥岩,岩性软弱、水稳性差,隧洞塌方隐患大。由于北疆供水工程处于高寒区,冻害(冻融、冻胀、结冰等)对工程十分不利,不但会影响建筑的结构稳定性,还可能造成渠道的漫顶;同时过大温差也加速材料老化程度,产生裂缝,影响工程安全。因沿渠地势西高东低,且多条冲沟与渠道正交,暴雨和春季的融雪性洪水冲刷渠坡对工程安全有很大影响;地震和泥石流等自然灾害虽发生频率低,但一旦发生对工程造成极大影响。此外，泥沙、杂物的淤积可能会导致渠道漫顶，影响工程正常供水，一些人为的破坏或水位控制不当也会给工程的安全运行造成影响。

由以上分析，北疆供水工程建筑物风险因子识别见图3.4。

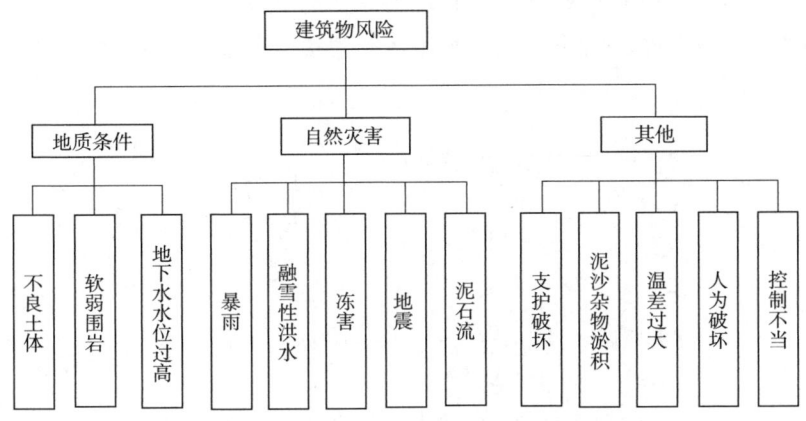

图 3.4 北疆供水工程建筑物风险因子识别

**2. 设备风险因子识别**

供水工程中设备风险主要是因电源故障或机械故障导致的设备功能失效，影响工程调度甚至结构安全。北疆供水工程的设备部分为闸门，对闸门来说在工程运行中最不希望其发生的事件为闸门不能正常启闭，导致其发生的原因主要有两种：一方面可能由于电源失效，另一方面可能是由于结构变形。因渠道处于戈壁荒漠区，基础设施不够完备，闸门供电电源只有2座闸门为双回路供电，其余为单回路供电，所有闸门的备用电源由2台机动柴油发电机提供，当外部供电系统和备用电源同时发生故障时，会导致闸门无法正常启闭。当闸门受到人为破坏、门叶或轨道变形、低温运行时结冰或机电设备发生故障，也会导致闸门无法正常启闭。以闸门不能正常启闭为顶事件建立的故障树见图3.5。

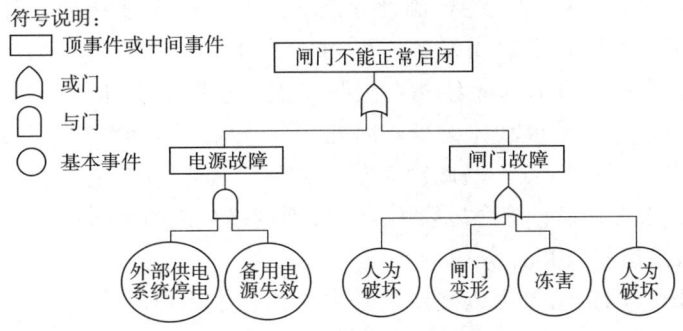

图 3.5 闸门失效风险因子识别故障树

3. 水体风险因子识别

北疆供水工程周围无农田、工厂等,但沿渠修有伴渠公路,渠道上方有多处涵洞和公路立交,可能会发生涵洞淤堵或破坏等导致雨洪入渠污染水体,公路发生车祸导致石油或车辆运输的有毒害化学品等进入水体,地下水渗透进入渠道等水体污染事件。以输水过程水体污染为顶事件建立的故障树见图3.6。

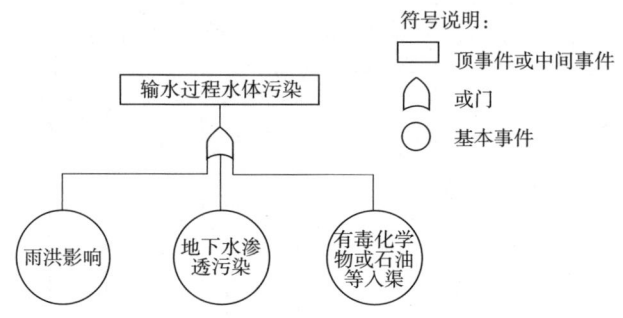

图 3.6 水体污染风险因子识别故障树

4. 综合风险因子识别

根据以上建筑物风险因子、设备风险因子和水体风险因子识别结果,采用贝叶斯网络法对北疆供水工程风险因子进行整理,以便更好地观察风险因子间的相互作用。确定北疆供水工程综合风险为网络的第一层节点,建筑物风险、设备风险和水体风险为第二层节点,失稳破坏、漫顶、渗透水破坏、闸门不能正常启闭、水体污染为第三层节点,暴雨、融雪性洪水、冻害、地震、泥石流、温差过大、软弱围岩、支护破坏、不良土体、地下水水位过高、泥沙杂物淤积、人为破坏、控制不当、电源故障、闸门变形、机电设备故障、化学品或石油等毒害物质入渠为第四层节点,共27个风险节点。影响供水工程综合风险的因素有建筑物风险、设备风险和水体风险,因此分别各有一条有向线段从建筑物风险、设备风险和水体风险指向北疆供水工程综合风险节点,而建筑物风险的发生还可能导致水体风险的发生,因此建筑物风险有一条线指向水体风险节点。失稳破坏和闸门不能正常启闭发生后可能会引起漫顶的发生,因此,失稳破坏和闸门不能正常启闭各有一条线指向漫顶节点;渗透水破坏的产生可能会引起建筑物的失稳破坏或导致水体污染,因此,渗透水破坏分别有一条线指向失稳破坏节点和水体污染节点。据此由下往上确定节点与节点之间相互依赖关系,构建的北疆供水工程运行综合风险因子贝叶斯网络结构图如图3.7所示。

### 3.1.2.4 风险因子及事件分析

由风险因子识别结果可以确定北疆供水工程中工程风险因子及风险事件矩阵 $F$ 和 $E$:

3.1 高寒区供水渠道风险因子识别

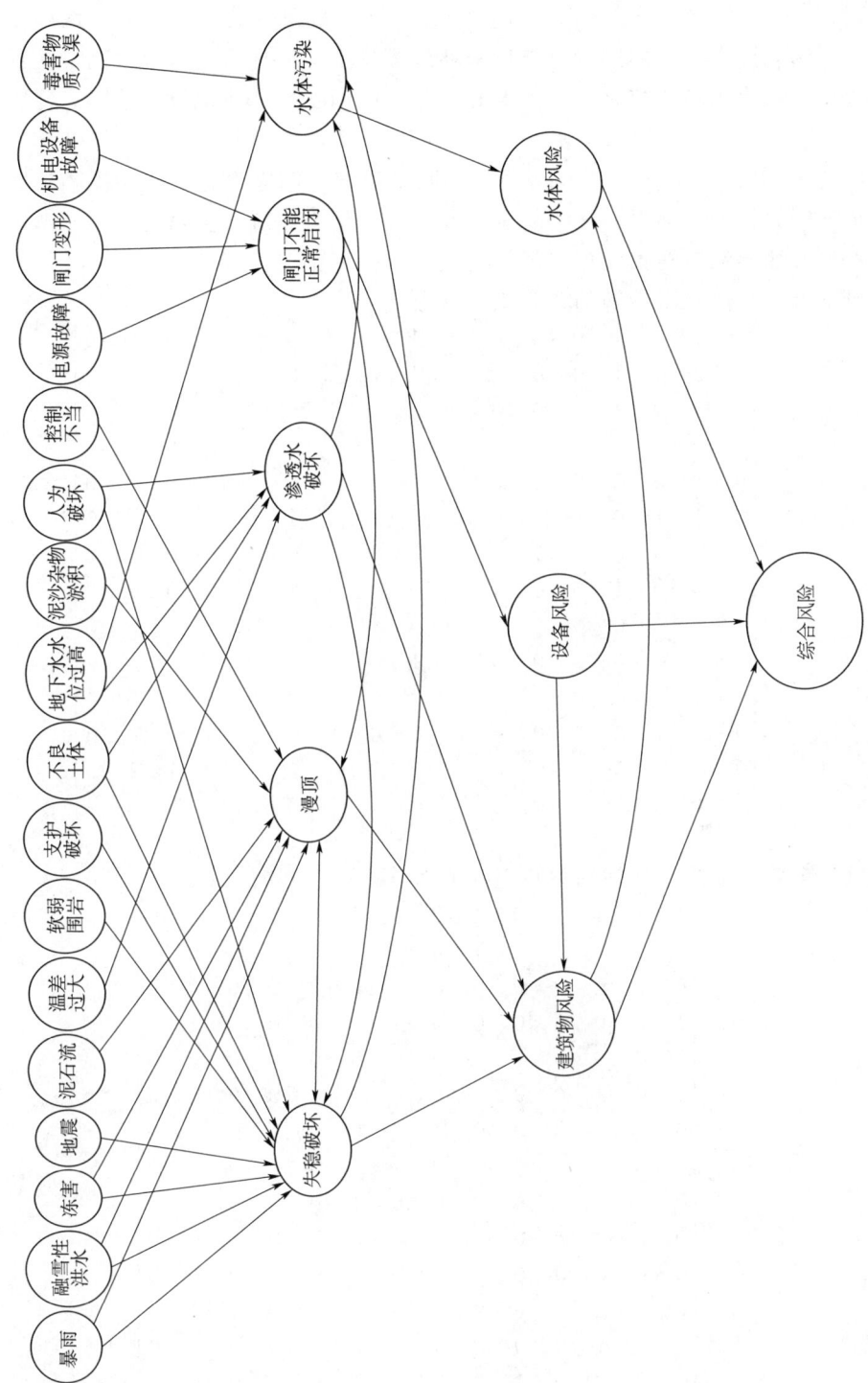

图 3.7 北疆供水工程运行综合风险因子贝叶斯网络结构构图

57

$$F_{1\times 17} = [f_1 \quad f_2 \quad f_3 \quad \cdots \quad f_{17}] = [暴雨 \quad 融雪性洪水 \quad 冻害 \quad 地震 \quad 泥石流 \quad 温差过大 \quad 软弱围岩 \quad 支护破坏 \quad 不良土体 \quad 地下水水位过高 \quad 泥沙杂物淤积 \quad 人为破坏 \quad 控制不当 \quad 电源故障 \quad 闸门变形 \quad 机电设备故障 \quad 毒害物质入渠]。$$

$$E_{1\times 14} = [e_1 \quad e_2 \quad e_3 \quad \cdots \quad e_{14}] = [明渠滑坡 \quad 明渠滑移 \quad 明渠沉陷 \quad 明渠漫顶 \quad 明渠管涌 \quad 明渠渗漏 \quad 隧洞渗漏 \quad 隧洞塌方 \quad 隧洞突水突泥 \quad 渡槽滑移倾覆 \quad 渡槽渗漏 \quad 渡槽漫顶 \quad 闸门失效 \quad 水体污染]。$$

风险因子与风险事件间的关联矩阵 $A$ 如下：

$$A_{14\times 17} = \begin{bmatrix}
1 & 1 & 1 & 1 & 0 & 0 & 0 & 0 & 1 & 0 & 0 & 0 & 1 & 0 & 0 & 0 & 0 \\
0 & 0 & 1 & 1 & 0 & 0 & 0 & 1 & 0 & 0 & 0 & 0 & 0 & 0 & 0 & 0 & 0 \\
0 & 0 & 1 & 1 & 0 & 0 & 0 & 0 & 0 & 0 & 0 & 0 & 0 & 0 & 0 & 0 & 0 \\
1 & 1 & 1 & 0 & 1 & 0 & 0 & 0 & 0 & 0 & 1 & 0 & 1 & 0 & 0 & 0 & 0 \\
0 & 1 & 0 & 0 & 0 & 0 & 0 & 0 & 0 & 1 & 0 & 0 & 0 & 0 & 0 & 0 & 0 \\
0 & 0 & 1 & 0 & 0 & 1 & 0 & 0 & 0 & 0 & 1 & 0 & 0 & 0 & 0 & 0 & 0 \\
0 & 0 & 0 & 0 & 1 & 0 & 0 & 0 & 0 & 0 & 0 & 0 & 0 & 0 & 0 & 0 & 0 \\
1 & 0 & 0 & 1 & 0 & 0 & 1 & 1 & 0 & 0 & 0 & 0 & 0 & 0 & 0 & 0 & 0 \\
1 & 1 & 0 & 0 & 0 & 0 & 0 & 0 & 1 & 0 & 0 & 0 & 0 & 0 & 0 & 0 & 0 \\
1 & 1 & 0 & 0 & 0 & 1 & 0 & 0 & 0 & 0 & 0 & 0 & 0 & 0 & 0 & 0 & 0 \\
0 & 0 & 1 & 0 & 0 & 1 & 0 & 0 & 0 & 0 & 0 & 0 & 0 & 0 & 0 & 0 & 0 \\
0 & 0 & 1 & 0 & 0 & 0 & 0 & 0 & 0 & 1 & 0 & 0 & 0 & 0 & 0 & 0 & 0 \\
0 & 0 & 1 & 0 & 0 & 0 & 0 & 0 & 0 & 0 & 1 & 0 & 1 & 1 & 1 & 1 & 0 \\
1 & 1 & 0 & 1 & 1 & 0 & 0 & 0 & 1 & 1 & 0 & 0 & 0 & 0 & 0 & 1 & 1
\end{bmatrix} \quad (3.11)$$

风险事件与风险事件间的关联矩阵 $B$ 如下：

$$B_{14\times 14} = \begin{bmatrix}
1 & 1 & 1 & 1 & 0 & 1 & 0 & 0 & 0 & 0 & 0 & 0 & 0 & 0 \\
0 & 1 & 0 & 0 & 1 & 1 & 0 & 0 & 0 & 0 & 0 & 0 & 0 & 0 \\
0 & 1 & 1 & 0 & 0 & 0 & 0 & 0 & 0 & 0 & 0 & 0 & 0 & 0 \\
1 & 0 & 0 & 1 & 0 & 0 & 0 & 1 & 0 & 0 & 0 & 0 & 1 & 0 \\
0 & 0 & 0 & 0 & 1 & 0 & 0 & 0 & 0 & 0 & 0 & 0 & 0 & 0 \\
1 & 0 & 1 & 0 & 0 & 1 & 0 & 0 & 0 & 0 & 0 & 0 & 0 & 0 \\
0 & 0 & 0 & 0 & 0 & 0 & 1 & 0 & 0 & 0 & 0 & 0 & 0 & 0 \\
0 & 0 & 0 & 0 & 0 & 0 & 1 & 1 & 0 & 0 & 0 & 0 & 0 & 0 \\
0 & 0 & 0 & 0 & 0 & 0 & 0 & 0 & 1 & 0 & 0 & 0 & 0 & 0 \\
0 & 0 & 0 & 0 & 0 & 0 & 0 & 0 & 1 & 0 & 1 & 0 & 0 & 0 \\
0 & 0 & 0 & 0 & 0 & 0 & 0 & 0 & 0 & 1 & 0 & 0 & 0 & 0 \\
0 & 0 & 0 & 0 & 0 & 0 & 0 & 0 & 0 & 1 & 1 & 0 & 0 & 0 \\
0 & 0 & 1 & 0 & 0 & 0 & 0 & 0 & 0 & 0 & 0 & 1 & 0 & 0 \\
1 & 0 & 0 & 0 & 1 & 0 & 0 & 0 & 1 & 0 & 0 & 0 & 0 & 1
\end{bmatrix} \quad (3.12)$$

(1) 风险因子与风险事件的关联分析。

将矩阵 $A$ 左乘一个元素均为 1 的行向量，得到向量 $C_1$：

$$C_1 = [6\ 6\ 8\ 5\ 2\ 3\ 1\ 1\ 3\ 3\ 3\ 2\ 1\ 1\ 1\ 1] \tag{3.13}$$

矩阵 $A$ 右乘一个元素均为 1 的列向量，得到向量 $C_2$：

$$C_2 = [6\ 3\ 2\ 6\ 2\ 3\ 1\ 4\ 3\ 4\ 2\ 3\ 5\ 6]^T \tag{3.14}$$

(2) 风险事件间的关联分析。将矩阵 $B$ 左乘一个元素全均为 1 的行向量，得到向量 $D_1$：

$$D_1 = [4\ 3\ 3\ 2\ 3\ 3\ 3\ 2\ 2\ 2\ 1\ 1\ 2\ 3\ 1]^T \tag{3.15}$$

矩阵 $B$ 右乘一个元素全均为 1 的列向量，得到向量 $D_2$：

$$D_2 = [5\ 3\ 2\ 4\ 1\ 3\ 1\ 2\ 1\ 2\ 1\ 2\ 1\ 4]^T \tag{3.16}$$

将向量 $C_1$、$C_2$、$D_1$ 和 $D_2$ 中元素从小到大排列，并分别列出其对应的风险因子或风险事件。$C_1$ 中元素从大到小排列对应的风险因子为：冻害、暴雨、融雪性洪水、地震、温差过大、不良土体、地下水水位过高、泥沙杂物淤积、控制不当、泥石流、人为破坏、软弱围岩、支护破坏、电源故障、闸门变形、机电设备故障、毒害物质入渠。$C_2$ 中元素从大到小排列对应的风险事件为：明渠滑坡、明渠漫顶、水体污染、闸门失效、隧洞塌方、渡槽滑移倾覆、明渠滑移、明渠渗漏、隧洞突水突泥、渡槽漫顶、明渠沉陷、明渠管涌、渡槽渗漏、隧洞渗漏。$D_1$ 中元素从大到小排列对应的风险事件为：明渠滑坡、明渠滑移、明渠沉陷、明渠管涌、明渠渗漏、闸门失效、明渠漫顶、隧洞渗漏、隧洞塌方、隧洞突水突泥、渡槽漫顶、渡槽滑移倾覆、渡槽渗漏、水体污染。$D_2$ 中元素从大到小排列对应的风险事件为：明渠滑坡、明渠漫顶、水体污染、明渠滑移、明渠渗漏、明渠沉陷、隧洞塌方、渡槽滑移倾覆、渡槽漫顶、明渠管涌、隧洞渗漏、隧洞突水突泥、渡槽渗漏、闸门失效。

综上，在北疆供水工程中，易影响工程正常运行的风险因子为冻害、暴雨、融雪性洪水；易受到风险因子影响的失效事件为明渠滑坡、明渠漫顶、水体污染；易引发其他风险事件发生的风险事件为明渠滑坡、明渠滑移、明渠沉陷；易由其他风险事件引发的风险事件为明渠滑坡、明渠漫顶、水体污染。可以看出，在北疆供水工程中明渠滑坡不仅易受到风险因子的影响，同时也易受到其他风险事件的影响，也易引发其他风险事件，是北疆供水工程中最易发生的风险事件。

北疆供水工程 2011—2016 年运行资料显示，工程因暴雨和融雪导致的破坏共 10 次，因冻害导致的破坏共 17 次，因不良土体导致的破坏有 5 次，水位控制不当导致的破坏有 1 次；2011—2016 年间，明渠主要发生的破坏形式为渠道滑坡，共发生 63 次滑坡，总长度达 4300m。

由运行资料可以看出,暴雨、融雪性洪水及冻害最易影响渠道运行安全,渠道易发生滑坡。模型计算结果与北疆供水工程实际运行情况基本相符,模型具有一定的适用性。

#### 3.1.2.5 突发水污染风险识别

**1. 突发水污染事故风险分级**

突发事故由于其自身的不可控性和突发性不仅会导致自身条件发生改变,影响工程供水的连续性和安全性,还会引发一系列的连锁响应,比如造成人员伤亡、经济损失、生态环境发生改变,甚至对社会稳定产生不利影响。所以突发事故是否严重主要从它对经济、人员伤亡和生态等这几个方面所造成的影响来进行评价。随着我国城镇化和工业化的持续推进,河湖(渠)突发水污染事件越来越多,各种化学品和危险品的生产、储存、运输和使用等都是事故潜在污染源,一旦污染事故发生,不仅破坏当地水域环境,甚至影响经济发展和社会安定。在经济社会快速发展的同时,社会各界对环保问题也重视起来,十九大报告中,习近平主席就强调生态文明建设。国内外对水质方面的研究也是从未止步,主要分为对水污染源进行识别、建立水质模型和应急调控方案研究三部分。本书通过分析各类突发事故可能带来的后果及危害程度,从水污染事故在经济损失、人员伤亡以及生态环境三方面造成的影响进行评估。通过分析北疆供水工程实际情况及参考文献,对每项指标进行量化,然后进行分级,得到事故分级表3.2。

表3.2　　　　　　　　水污染事故分级表

| 等级 | 经济损失 | 人员伤亡 | 水域环境影响 |
| --- | --- | --- | --- |
| Ⅰ | 1000万元以上 | 10人以上死亡或中毒100人以上 | 干线较长河段或湖泊。水库水域功能严重丧失,水生生物大量非正常死亡 |
| Ⅱ | 200万元以上,1000万元以下 | 3人以上10人以下死亡或50人以上100人以下中毒 | 干线较长河段或湖泊、水库水域功能部分丧失,水生生物出现非正常死亡 |
| Ⅲ | 50万元以上200万元以下 | 3人以下死亡或10人以上50人以下中毒 | 干线较长河段或湖泊较大范围内水体发生显著变化 |
| Ⅳ | 50万元以下 | 10人以下中毒 | 干线一定河段、湖泊或水库水域发生显著变化 |

**2. 突发水污染评估**

风险评估主要采用层次分析法、模糊综合评价法、熵权法、风险矩阵分析法和故障树分析法等。其中,传统的层次分析法采用1~9标度法,该法需要信息较多，且在某些问题上不能做到如此细致的判断，结果的主观误差也较大。经过不断的应用和改进，产生了三标度法，其改善了九标度法的缺陷，但也出现了判断信息缺失、累积优势度和一致性损失的问题，因此又产生了对两者均有改善的五标度法（表 3.3）。熵权法是可用于多对象、多指标的综合评价方法，虽其精度较层次分析法高，但其需要的确定数值也较多，故应用范围较窄；而故障树分析法则是需要基于已发生事故建立故障树，找到事故原因。模糊综合评价法则是结合以上各种方法进行综合评价。区别于没有考虑专家知识与经验背景的研究，本书将专家填写的调查问卷按专家职业类别进行分组，再引入专家权重系数和 D-S 证据理论对其各组意见进行融合，得到改进判断矩阵 $A$。

$$A_{ij} = \begin{bmatrix} a_{11} & a_{12} & \cdots & a_{1n} \\ a_{21} & a_{22} & \cdots & a_{2n} \\ \vdots & \vdots & \ddots & \vdots \\ a_{n1} & a_{n2} & \cdots & a_{nn} \end{bmatrix} \tag{3.17}$$

表 3.3　　　　　　　　　　元素重要性判断法则

| 标　度 | 含　义 |
|---|---|
| -2 | 表示元素 $j$ 比元素 $i$ 极端或强烈重要 |
| -1 | 表示元素 $j$ 比元素 $i$ 明显或稍微重要 |
| 0 | 表示指标 $j$ 与元素 $i$ 同等重要 |
| 1 | 表示元素 $i$ 比元素 $j$ 明显或稍微重要 |
| 2 | 表示元素 $i$ 比元素 $j$ 极端或强烈重要 |

（1）专家权重系数。从两个方面引入专家权重系数。一是根据专家的学历、对研究对象的了解程度和判断依据（表 3.4），由式（3.18）转换为经验权重系数 $Q_i$，其中 $Z_i = a_i b_i c_i$。二是考虑各专家组容量所占总样本的比例，假设有 $n$ 个专家组，第 $t$ 组的专家容量是 $\varphi_t$，则可得该组专家比重，从而得到专家综合权重系数 $W_e$。

表 3.4　　　　　　　　　　调查专家分值表

| 指　标 | 类　别 | 分　值 |
|---|---|---|
| 学历 $a_i$ | 硕士及以上、本科、大专及以下 | 3、2、1 |
| 对研究对象了解程度 $b_i$ | 非常了解、了解、一般 | 3、2、1 |
| 判断依据 $c_i$ | 详细分析、参考资料、经验 | 3、2、1 |

$$Q_i = \frac{Z_i}{\sum_{i=1}^{n} Z_i} \tag{3.18}$$

$$\lambda_t = \frac{\varphi_t}{\sum_{t=1}^{n}\varphi_t} \qquad (3.19)$$

$$W_e = Q_i\lambda_t \qquad (3.20)$$

（2）基于 D-S 证据理论进行意见融合。为减少主观思维的误差，本书在考虑专家权重系数的基础上，再将多位专家的意见进行融合，得到综合判断矩阵。既综合了各专家不同的知识见解，也保证事物评价的客观性。对此，本书利用近年来较普遍的融合公式（BPA 函数）D-S 证据理论对各位专家的意见进行融合。

$$m(A) = \begin{cases} 0 & (A \neq \varnothing) \\ \dfrac{1}{K}\sum_{A_i \cap B_i = A} m_1(A_i)m_2(B_j) & (A \neq \varnothing) \end{cases} \qquad (3.21)$$

其中 $K = 1 - \sum_{A_i \cap B_j = \phi} m_1(A_i)m_2(B_j)$，且 $K \neq 0$。

$m_1$ 和 $m_2$ 表示在该评价框架基本分配函数所对应的概率分配，其焦元则是 $A_i$ 和 $B_i$。$m(A)$ 即为专家意见 $m_1 \sim m_i$ 的融合，表示各专家对命题 $A$ 的支持程度。

（3）改进矩阵一致性。传统的判断矩阵需要经过一致性检验，但随着计算方法的改进，构造一致性矩阵可代替一致性检验。由式（3.22）得到最优传递矩阵后，根据矩阵的定义可知，本书所构建的判断矩阵属于反对称矩阵，而对于反矩阵 $A$，若矩阵 $B$ 为 $A$ 的一个最优传递矩阵，那么 $A^* = \exp B$ 则是 $A$ 的一个完全一致性矩阵。

$$b_{ij} = \frac{1}{n}\sum_{k=1}^{n}(c_{ik} + c_{kj}) = \frac{1}{n}\sum_{k=1}^{n}(c_{ik} - c_{jk}) \qquad (3.22)$$

（4）计算权重系数。本层元素对上层元素的重要程度由权重值表示，求取权重值就是计算矩阵最大特征值及特征向量。本书用和积法求解最大特征值对应的特征向量，具体步骤如下。首先，将得到的判断矩阵 $A$ 的元素按列归一化，并记作：$\boldsymbol{D} = [d_{ij}]_{n \times n}$。即

$$d_{ij} = \frac{b_{ij}}{\sum_{i=1}^{n}b_{ij}} \quad (i = 1, 2, \cdots, n) \qquad (3.23)$$

然后对矩阵 $\boldsymbol{D}$ 按行相加，记作向量：$\overline{\boldsymbol{C}} = [\overline{C_1}, \overline{C_2}, \cdots, \overline{C_n}]$。即

$$c_i = \sum_{j=1}^{n} d_{ij} \quad (1, 2, \cdots, n) \qquad (3.24)$$

最后将向量 $\overline{\boldsymbol{C}}$ 归一化得

$$W_i = \frac{\overline{C_i}}{\sum_{i=1}^{n}\overline{C_i}} \quad (i = 1, 2, \cdots, n) \qquad (3.25)$$

最终得到向量 $\boldsymbol{W} = [w_1, w_2, \cdots, w_n]$，即为判断矩阵 $\boldsymbol{A}^*$ 的特征向量，其

中的每一个权重系数都对应一个指标。

（5）综合风险计算。将各指标的权重矢量根据风险定义对其进行合成，得到风险综合评估值。即：若用 $R$ 表示风险，$P$ 表示风险发生负面影响的相对概率，$C$ 表示风险产生后果严重性的相对权重，则风险可用数学公式表达为

$$R = P \times C \tag{3.26}$$

（6）建立评语集。突发事故因其自身的突发性和不可控性不仅会导致自身状态发生变化，影响工程供水的连续性和安全性，还会引发一系列的连锁响应，比如人员伤亡、经济损失、生态环境等发生改变，甚至引起社会恐慌。故本书主要从突发水污染事故发生后可能所带来的经济损失、人员伤亡和生态环境这三个方面进行评价。并根据其两两比较的特点建立评语集 $V_i =$（强烈严重、稍微严重、同等严重），从而对专家进行问卷调查。

1）构建层次结构模型。将风险识别得到的四类突发水污染事故构建层次结构，见图 3.8。

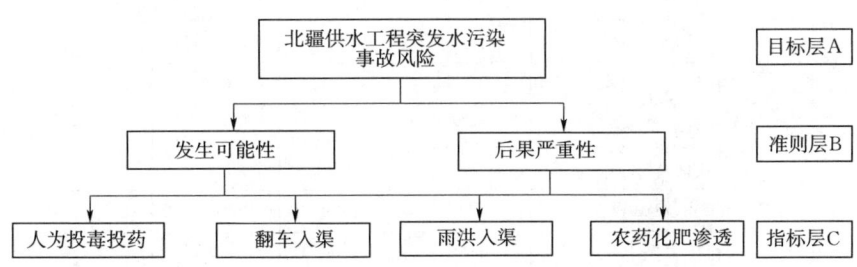

图 3.8 北疆供水工程突发水污染事故层次结构图

2）专家意见统计及分析。根据四类突发水污染事故和层次分析法特点设计了相应的专家调查问卷。对 30 位专家就"突发事故可能性"和"事故危害严重性"进行问卷调查，其中水利技术类专家 20 名，水利管理类专家 5 名，非水利类专家 5 名，分别将其表示为 $m_1$、$m_2$、$m_3$。表 3.5 和表 3.6 是对这 30 份问卷数据进行处理的结果，其中前三行是每一类专家对各类评价指标的评分占比。第四行是根据专家权重系数和 D-S 证据理论对前三行进行融合的结果。

表 3.5 突发水污染事故相对可能性专家意见分析表

| 元素 | 专家 | 程度 | | | | |
| --- | --- | --- | --- | --- | --- | --- |
| | | 2 | 1 | 0 | −1 | −2 |
| 人为投毒与翻车入渠 $C_{12}$ | 水利技术类专家 | 0.15 | 0.05 | 0.3 | 0.25 | 0.25 |
| | 水利管理类专家 | 0.2 | 0.2 | 0.2 | 0.4 | 0 |
| | 其他专家 | 0.4 | 0 | 0.4 | 0 | 0.2 |
| | $W_1 m_1 \oplus W_2 m_2 \oplus W_3 m_3$ | 0.00000013 | 0 | 0.00000026 | 0 | 0 |

续表

| 元素 | 专家 | 程度 | | | | |
|---|---|---|---|---|---|---|
| | | 2 | 1 | 0 | −1 | −2 |
| 人为投毒与雨洪入渠 $C_{13}$ | 水利技术类专家 | 0.15 | 0.05 | 0.15 | 0.25 | 0.4 |
| | 水利管理类专家 | 0.2 | 0 | 0.2 | 0.4 | 0.2 |
| | 其他专家 | 0.2 | 0.2 | 0.4 | 0 | 0.2 |
| | $W_1 m_1 \oplus W_2 m_2 \oplus W_3 m_3$ | 0.00000009 | 0 | 0.00000013 | 0 | 0.00000023 |
| 人为投毒与农药渗透入渠 $C_{14}$ | 水利技术类专家 | 0.15 | 0.1 | 0.05 | 0.25 | 0.45 |
| | 水利管理类专家 | 0.2 | 0.2 | 0 | 0.4 | 0.2 |
| | 其他专家 | 0.4 | 0.2 | 0 | 0 | 0.2 |
| | $W_1 m_1 \oplus W_2 m_2 \oplus W_3 m_3$ | 0.00000013 | 0.00000006 | 0 | 0 | 0.00000026 |
| 翻车入渠与雨洪入渠 $C_{23}$ | 水利技术类专家 | 0.25 | 0.1 | 0.15 | 0.3 | 0.15 |
| | 水利管理类专家 | 0.2 | 0 | 0.2 | 0.6 | 0 |
| | 其他专家 | 0 | 0.2 | 0.6 | 0 | 0.2 |
| | $W_1 m_1 \oplus W_2 m_2 \oplus W_3 m_3$ | 0 | 0 | 0.00000013 | 0 | 0 |
| 翻车入渠与农药渗透入渠 $C_{24}$ | 水利技术类专家 | 0.15 | 0.4 | 0.1 | 0.1 | 0.25 |
| | 水利管理类专家 | 0.2 | 0.4 | 0.2 | 0 | 0.2 |
| | 其他专家 | 0 | 0.4 | 0.4 | 0.2 | 0 |
| | $W_1 m_1 \oplus W_2 m_2 \oplus W_3 m_3$ | 0 | 0.00000069 | 0.00000009 | 0 | 0 |
| 雨洪入渠与翻车入渠 $C_{32}$ | 水利技术类专家 | 0.15 | 0.1 | 0.45 | 0.25 | 0.05 |
| | 水利管理类专家 | 0.2 | 0.2 | 0.2 | 0.4 | 0 |
| | 其他专家 | 0 | 0.4 | 0.6 | 0 | 0 |
| | $W_1 m_1 \oplus W_2 m_2 \oplus W_3 m_3$ | 0 | 0.00000009 | 0.00000039 | 0 | 0 |

"人为投毒与翻车入渠"的融合过程如下。首先对水利技术类专家和水利管理类专家意见进行融合。水利技术类专家对各指标的分配函数是：$m_1[z_1]=0.15, m_1[z_2]=0.05, m_1[z_3]=0.3, m_1[z_4]=0.25, m_1[z_5]=0.25$。水利管理类专家对各指标的分配函数是：$m_2[z_1]=0.2, m_2[z_2]=0.2, m_2[z_3]=0.2, m_2[z_4]=0.4, m_2[z_5]=0$，其中 $z_i$ 代表 5 个程度指标。得到 3 组专家权重系数为 $W_e=(0.292, 0.063, 0.031)$。故 $K_{1,2}=0.0008$，故融合之后的分配概率为：$m_{1,2}[z_1]=0.00055$。同理可得 $m_{1,2}[z_2]=0.00018, m_{1,2}[z_3]=0.00111, m_{1,2}[z_4]=0.00185, m_{1,2}[z_5]=0$。

然后将水利技术类专家、水利管理类专家与其他类专家进行融合，计算可得 $K_{1,2,3}=0.99991$，故融合之后的分配概率为 $m_{1,2,3}[z_1]=0.00000013$。同理可得 $m_{1,2,3}[z_2]=0, m_{1,2,3}[z_3]=0.00000026, m_{1,2,3}[z_4]=0, m_{1,2,3}[z_5]=0$。

表 3.6　　突发水污染事故后果相对严重性专家意见分析表

| 元　素 | 专　家 | 程　度 | | | | |
|---|---|---|---|---|---|---|
| | | 2 | 1 | 0 | −1 | −2 |
| 人为投毒投药与翻车入渠 $C_{12}$ | $W_1m_1 \oplus W_2$ $m_2 \oplus W_3m_3$ | 0.00000143 | 0 | 0 | 0 | 0 |
| 人为投毒投药与雨洪入渠 $C_{13}$ | $W_1m_1 \oplus W_2$ $m_2 \oplus W_3m_3$ | 0.00000043 | 0 | 0 | 0 | 0 |
| 人为投毒投药与农药渗透入渠 $C_{14}$ | $W_1m_1 \oplus W_2$ $m_2 \oplus W_3m_3$ | 0.00000052 | 0.00000026 | 0.00000009 | 0 | 0 |
| 翻车入渠与雨洪入渠 $C_{23}$ | $W_1m_1 \oplus W_2$ $m_2 \oplus W_3m_3$ | 0 | 0.00000069 | 0 | 0.00000006 | 0 |
| 翻车入渠与农药渗透入渠 $C_{24}$ | $W_1m_1 \oplus W_2$ $m_2 \oplus W_3m_3$ | 0 | 0 | 0.00000017 | 0.00000006 | 0 |
| 雨洪入渠与翻车入渠 $C_{32}$ | $W_1m_1 \oplus W_2$ $m_2 \oplus W_3m_3$ | 0 | 0.00000017 | 0 | 0 | 0 |

3) 综合判断矩阵及一致性矩阵。构建判断矩阵行列从左往右依次为：人为投毒投药、翻车入渠、雨洪入渠和农药化肥渗透。根据数据统计和融合，可得 $C_{12}$、$C_{13}$、$C_{14}$、$C_{23}$、$C_{24}$ 和 $C_{32}$ 的值为 0、2、2、0、−1 和 0；$B_{12}$、$B_{13}$、$B_{14}$、$B_{23}$、$B_{24}$ 和 $B_{32}$ 的值为 2、2、2、1，0 和 −1。最终得到突发事故发生可能性矩阵 $C$ 和事故发生后果严重性矩阵 $B$。

$$C = \begin{bmatrix} 0 & 0 & -2 & -2 \\ 0 & 0 & 0 & 1 \\ 2 & 0 & 0 & 0 \\ 2 & -1 & 0 & 0 \end{bmatrix} \qquad B = \begin{bmatrix} 0 & 2 & 2 & 2 \\ -2 & 0 & 1 & 0 \\ -2 & -1 & 0 & 1 \\ -2 & 0 & -1 & 0 \end{bmatrix}$$

根据矩阵定义，将矩阵 $C$ 和矩阵 $B$ 转换为完全一致性矩阵 $C^*$ 和 $B^*$。

$$C^* = \begin{bmatrix} 1 & 0.2865 & 0.2231 & 0.2865 \\ 3.4903 & 1 & 0.7788 & 1 \\ 4.4817 & 1.2840 & 1 & 1.2840 \\ 3.4903 & 1 & 0.7788 & 1 \end{bmatrix}$$

$$B^* = \begin{bmatrix} 1 & 5.7546 & 7.3891 & 9.4877 \\ 0.1738 & 1 & 1.2840 & 1.6487 \\ 0.1353 & 0.7788 & 1 & 1.2840 \\ 0.1054 & 0.6065 & 0.7788 & 1 \end{bmatrix}$$

4) 计算元素权重系数。对矩阵 $C^*$ 和 $B^*$ 得到各元素相对权重值（表 3.7）。

表 3.7　　　　　　　　　元素权重计算表

| 元素 $C_i$ | 相对权重 | 元素 $B_i$ | 相对权重 |
|---|---|---|---|
| $C_1$ | 0.0803 | $B_1$ | 0.7069 |
| $C_2$ | 0.2800 | $B_2$ | 0.1229 |
| $C_3$ | 0.3597 | $B_3$ | 0.0957 |
| $C_4$ | 0.2800 | $B_4$ | 0.0745 |

从数据统计和分析，得到北疆供水工程突发水污染事故发生可能性相对权重为：$\boldsymbol{W}=(w_1,w_2,w_3,w_4)=(0.0803,0.2800,0.3597,0.2800)$，即最可能发生的突发水污染事故是雨洪入渠，其次是翻车入渠和农药化肥渗透入渠，而人为投毒投药发生可能性最小。

事故发生后果严重性相对权重为：$\boldsymbol{W}=(w_1,w_2,w_3,w_4)=(0.7069,0.1229,0.0957,0.0745)$，即发生后果最严重的是人为投毒投药，其次是翻车入渠和雨洪入渠，农药化肥渗透入渠的危害则最小。综上所述，人为投毒发生的可能性最小，但其发生后的后果最严重。

3. 突发水污染综合风险分析

根据风险因子的含义与分析，对所得权重矢量处理如下：$\boldsymbol{W}=C_i B_i^{\mathrm{T}}=(0.0567,0.0344,0.0344,0.0209)$。故综合风险 $\boldsymbol{W}=(0.0567,0.0344,0.0344,0.0209)$。由此可知，北疆供水工程突发水污染事故风险从大到小依次为：人为投毒投药、雨洪入渠、翻车入渠事故和农药化肥渗透入渠。从数据统计和分析中可以看出人为投毒投药虽然发生可能性相对权重只有0.0803，远低于其他三类事故，但其发生后果严重性相对权重却达到了0.7069，远远高于其他三类发生后的危害，所以当结合事故可能性和后果危害严重性后，人为投毒投药的风险远远高于其他三类突发水污染事故。

在利用改进的"五标度"层次分析法时，同时加入专家权重系数和 D-S 证据理论对多位专家的意见进行融合，以此建立了事故风险评估模型。利用前推式情景分析法对北疆供水工程突发水污染事故进行识别，得到人为投毒投药、翻车入渠、雨洪入渠和农药化肥渗透入渠四类污染事故。对北疆供水工程应用风险评估模型分析得到人为投毒投药、雨洪入渠、翻车入渠、农药化肥渗透入渠的综合风险分别为0.0567、0.0344、0.0344、0.0209。建议工程管理人员加强渠道监测，避免各类污染事故的发生，尤其需要在渠道两旁设置护栏等防护实施，以防止人为投毒和载有有毒物质的运输车等危害物品进入渠内。

### 3.1.3　灾害评级

灾害级别评价以决定灾害严重程度的现实因素为基础构建指标体系，采用综合分析途径综合处理各指标信息，最终获得灾害严重程度。现有的灾害评估指标体系建立角度包括项目维、时间维、灾种维等不同的横向维度（孙峥，2008），灾害预防、发生、处理和恢复逻辑，以 DPSIR 概念为基础的时间纵向维度切入建立指标评价体系。综合评价方法由于适用性强、评价效果好，在级别评价中应用极为广泛。荒漠化指标体系结合危害、暴露、脆弱性和可恢复性因素，指导中国北方的荒漠化防治（Wang Y. 等，2015），权重确定研究主要包括投影寻踪法、灰色变权聚类法、层次分析赋权法、熵权法和主成分分析赋权法等（刘合香等，2007；强凤娇，2015），采用改进数据包络分析区域性自然灾害脆弱性，克服主观赋权偏差（Wei Y. M. 等，2003）。应急预案评价体系中基于 ANP 构建指标评价体系进行评估，充分考虑应急事件不同阶段影响的综合评价（李洋等，2018）。AHP-模糊综合评价模型全面衡量统筹定量定性指标对评价系统的影响应用广泛，水利工程中采用该方法评价河流的健康状况为水资源的开发和保护提供科学依据（王国胜，2007），该模型在较多领域应急灾害及抢险中使用效果较好。

#### 3.1.3.1 构建指标体系

建立适用于工程特性的评价指标体系，对于客观评价灾害严重程度至关重要。通过深入对渠道边坡滑塌灾害级别评价指标的研究，在反映灾害级别的同时，精简指标数量，降低指标信息获取难度，综合考虑定性指标和定量指标，遴选归纳出渠道边坡滑塌灾害级别评价指标体系，构建了表 3.8 的层次结构，分为目标层、准则层和指标层 3 个层次。目标层为渠道边坡滑塌灾害级别，其下准则层有 3 个要素，分别为破坏程度、破坏趋势和退水难度。准则层的每个要素下又有 2~3 个指标。指标层为影响准则层要素的可以直接获得的定性或定量的信息，其中滑塌长度增长趋势和灾害位置恶化趋势为定性指标，其余为定量指标。

表 3.8　　　　渠道边坡滑塌灾害级别评价指标体系

| 目标层 | 准则层 | 指标层 |
|---|---|---|
| 渠道边坡滑塌灾害级别 | 破坏程度 | 滑塌长度 |
| | | 滑塌高度 |
| | | 壅水高度 |
| | 破坏趋势 | 壅水高度增长速度 |
| | | 滑塌长度增长趋势 |
| | | 灾害位置恶化趋势 |
| | 退水难度 | 降低水位高度 |
| | | 退水闸正常占比 |

滑塌长度：边坡滑坡长度是衡量评价目标的主要信息，渠道边坡滑塌长度越大，所需要的处理的工程量越大，灾害规模越大，应急抢险历时越长，对用水户的影响越大。

滑塌高度：滑塌高度是决定工程破坏程度的另一主要信息，滑塌高度越大灾害规模越大。

壅水高度：水位是工程安全运行的重要指标，滑塌体堵塞渠道导致工程水位升高，水位超过渠道高程时会出现漫顶现象。

壅水高度增长速度：渠道响应时间内水位壅高不断增长，单位时间内的水位增长高度值也是评价灾害严重程度的重要指标。

滑塌长度增长趋势：综合考虑破坏形式和水力作用对边坡长度的影响，采用定量的数据进行表述难度较大，本书采用定性描述。

灾害位置恶化趋势：灾害位置属于工程薄弱环节，工程地质条件、沉降破坏、塑膜后进水等多种因素加剧灾害恶化趋势。

降低水位高度：事故渠段下游降低水位高度越大，低水位运行时间越长，灾害影响工程供水量程度越大。

退水闸正常占比：闸门作为降低运行水位的重要设备，一旦故障则会降低工程退水能力，延长水力响应时间，该值越大表明灾害影响程度越低。

灾害级别指标评价各级标准在查阅与北疆供水工程相近规模工程研究成果的基础上，结合灾害发生后的危害程度和所造成的损失，一共分为四个级别。通过实地调研和问卷调查获得专家和工程管理人员意见后，加以甄别，确定各指标一级和四级评价标准，二级和三级指标采用线性插值适当修正后确定，各指标标准值汇总于表 3.9。

表 3.9    边坡滑塌灾害评价四级标准

| 准则层 | 指 标 层 | 一级 ($d_1$) | 二级 ($d_2$) | 三级 ($d_3$) | 四级 ($d_4$) |
|---|---|---|---|---|---|
| 破坏程度 | 滑塌长度/m | 400 | 300 | 100 | 50 |
|  | 滑塌高度/m | 6 | 4 | 2 | 1 |
|  | 壅水高度/m | 0.6 | 0.4 | 0.2 | 0.1 |
| 破坏趋势 | 壅水高度增长速度/(m/h) | 0.15 | 0.10 | 0.05 | 0 |
|  | 滑塌长度增长趋势 | 显著 | 一般 | 较小 | 无 |
|  | 灾害位置恶化趋势 | 显著 | 一般 | 较小 | 无 |
| 退水难度 | 降低水位高度/m | 5.6 | 4 | 2 | 1 |
|  | 退水闸正常占比/% | 80 | 90 | 95 | 100 |

### 3.1.3.2 设定灾害情景

工程运行期间未发生导致断水的灾害，但是工程运行接近20年，避免大型灾害发生时的响应时间过程造成损失加大，拟定导致工程断水的渠道边坡滑塌灾害进行研究，通过研究发现工程应急抢险中的短板，提高应急抢险能力。

本次研究灾害信息通过工程调研与各级管理人员商定后确定，拟定灾害具体信息如下：运行期间由于渠道桩号31+038至31+291段右侧边坡滑塌长度为253m，拟定边坡滑塌长度为253m，全断面滑塌，局部鼓胀，产生渠道壅水高度0.3m，壅高水位上涨速度为零，灾害位置距离闸门较远，滑塌长度无增长，设定灾害发现的时间为2020年5月1日上午8：00。

### 3.1.3.3 利用AHP确定指标权重

采用层次分析法确定下层因素影响上层结果的权重，该方法是通过构建判断矩阵求解各指标的权重值。即为构造"指标层-准则层"判断矩阵，计算不同指标对准则层的评价结果所占权重，对"准则层-目标层"构造判断矩阵，完成层次单排序；对"指标层-目标层"完成层次总排序，得到各层评价结果需要的权重值。

确定"目标层-准则层"，"准则层-指标层"两个不同层次下层因素对上层因素的影响所占的比重是层次分析过程中，对各层因素对最终结果影响程度大小的赋权过程。通过逐层计算下层因素对上层因素重要性量化过程，获得下层在上层中的相对重要性，层次分析法中是基于Saaty 9级标度法（表3.10）两两比较不同因素重要程度完成作为判定多个同层因素之间相对重要性基础的判断矩阵，所有因素两两比较的结果组成权重矩阵，来表示所有"准则层-目标层"和"指标层-准则层"的权重。

表3.10　　　　　　　　　　Saaty 9 级 标 度 法

| 标度 $a_{ij}$ | 定　　义 |
| --- | --- |
| 1 | 因素 $B_i$ 与因素 $B_j$ 同等重要 |
| 3 | 因素 $B_i$ 与因素 $B_j$ 略重要 |
| 5 | 因素 $B_i$ 与因素 $B_j$ 较重要 |
| 7 | 因素 $B_i$ 与因素 $B_j$ 非常重要 |
| 9 | 因素 $B_i$ 与因素 $B_j$ 极端重要 |
| 2，4，6，8 | 以上两个判断之间的中间状态对应的标度值 |
| 1～9 的倒数 | 因素 $B_i$ 与因素 $B_j$ 比较，$a_{ji}=1/a_{ij}$ |

对 $n$ 个 $B$ 元素构造判断矩阵：对角线上所有两两比较的元素相同，对影响评价目标结果的权重完全相同，标度值均为1。影响评定结果中不同因素所占比重不同只需完成对角线以上或以下其中一侧的元素：

$$a_{ji}=1/a_{ij} \quad (i,j=1,2,3,\cdots,n) \tag{3.27}$$

根据式（3.1）求得对角线另一侧的元素，即可完成影响因素的所有标度值，完成表 3.11 中判断矩阵的初步构造。

表 3.11　　　　　　　影响因素判断矩阵

| | $B_1$ | $B_2$ | $B_3$ | … | $B_n$ | 权重值 |
|---|---|---|---|---|---|---|
| $B_1$ | 1 | $a_{12}$ | $a_{13}$ | … | $a_{1n}$ | |
| $B_2$ | $a_{21}$ | 1 | $a_{23}$ | … | $a_{2n}$ | |
| $B_3$ | $a_{31}$ | $a_{32}$ | 1 | … | $a_{3n}$ | |
| ⋮ | ⋮ | ⋮ | ⋮ | 1 | ⋮ | |
| $B_n$ | $a_{n1}$ | $a_{n2}$ | $a_{n2}$ | … | 1 | |

**1. 层次单排序及一致性检验**

对判断矩阵进行一致性检验，可以评估两两因素比较带来的全局因素矛盾对评价结果的影响是否在合理范围，指示是否需要进一步修改判断矩阵。当构建的判断矩阵的 $CR<0.1$ 时，满足一致性要求，可以将该矩阵的最大特征值 $\lambda_{\max}$，$\lambda_{\max}$ 使用 MATLAB 中的矩阵运算函数[v,d]＝eig(X)命令求解，归一化处理 $\lambda_{\max}$ 特征向量求得权重值。

一致性检验方法采用一致性指标 $CI$ 进行判断，$CI$ 的计算公式见式（3.28）：

$$CI=(\lambda_{\max}-n)/(n-1) \tag{3.28}$$

式中：$CI$ 为一致性指标；$\lambda_{\max}$ 为判断矩阵的最大特征值 $\lambda_{\max}$；$n$ 为判断矩阵阶数。

判断矩阵阶数越高，两两比较的次数就越多，一致性越差，只用 $CI$ 保证两两比较之间的矛盾难度很大，因此引入平均随机一致性指标 $CR$ 达到消除判断矩阵阶数增高带来的影响，$CR$ 由式（3.29）计算：

$$CR=CI/RI \tag{3.29}$$

式中：$CR$ 为随机一致性比率；$RI$ 为平均随机一致性指标，采用表 3.12 中数据。

表 3.12　　　　　　　平均随机一致性指标 $RI$

| $N$ | 3 | 4 | 5 | 6 | 7 | 8 | 9 | 10 |
|---|---|---|---|---|---|---|---|---|
| $RI$ | 0.58 | 0.9 | 1.12 | 1.24 | 1.32 | 1.41 | 1.45 | 1.49 |

**2. 层次总排序及一致性检验**

通过相邻层次一致性检验只能保证各个模块重要性赋值没有矛盾，却不能保证整个评价体系中的重要性程度满足一致性要求。

对于层次结构模型中评价指标体系，假设目标层包含 $m$ 个准则层 $A_1$，$A_2,\cdots,A_m$，相对应的层次总排序权值分别为，$\alpha_1$，$\alpha_2$，$\cdots$，$\alpha_m$ 准则层包含 $n$ 个指标 $B_1$，$B_2$，$\cdots$，$B_n$，对 $A_j$（$j=1,2,3,\cdots,m$）的层次单排序为 $\beta_{1j}$，$\beta_{2j}$，$\cdots$，$\beta_{nj}$（如果 $A_j$ 和 $B_i$ 无联系，则 $\beta_{1j}=0$），则指标层的层次总排序权值为

$$\beta_i = \sum_{j=1}^{m} \alpha_j \beta_{ij} \ (i=1,2,\cdots,n) \tag{3.30}$$

层次总排序一致性检验从上层到下层逐步进行，如果第 $k$ 层中因素 $A_j(j=1,2,3,\cdots,m)$ 对应的第 $k+1$ 层的一致性指标为 $CI_j$，平均随机一致性指标为 $RI_j$，则第 $k+1$ 层的总排序随机一致性比率 $CR$ 计算见式（3.31）：

$$CR = \sum_{j=1}^{m} \alpha_j CI_j \bigg/ \sum_{j=1}^{m} \alpha_j RI_j \tag{3.31}$$

$CR<0.1$ 时一致性满足评价要求，否则需要进行修正。

渠道边坡滑塌灾害评级权重矩阵分为"准则层－目标层"和"指标层-准则层"分别计算。

3. 准则层-目标层权重

本书研究中准则层判断矩阵中"破坏程度"是决定灾害级别的主要因素，"破坏趋势"会使原有级别加剧，"破坏趋势"是在"破坏程度"的基础上对灾害级别产生影响，"破坏程度"与"破坏趋势"相比较处于同等重要和略重要之间；"破坏程度"决定工程灾害级别的基础，"退水难度"是从退水不合理对工程破坏可能性描述，虽然存在漫顶破坏可能，但是工程设置大量的抽水泵实现水位控制，"破坏程度"与"退水难度"比较处于同等重要和略重要之间；"破坏趋势"与"退水难度"比较处于同等重要和略重要之间；"准则层-目标层"计算结果见表 3.13，经过分析可以得到影响边坡滑塌灾害严重程度最大的准则层为"破坏程度 Q1"占比 0.493，其次是准则层"破坏趋势 Q2"占比 0.311，在考虑的准则层中影响程度最小的是"退水难度 Q3"占比 0.196。

表 3.13　　　　　　　　准则层-目标层判断矩阵及权重值

| | 破坏程度 Q1 | 破坏趋势 Q2 | 退水难度 Q3 | 权重值（$W_c$） |
|---|---|---|---|---|
| 破坏程度 Q1 | 1 | 2 | 2 | 0.493 |
| 破坏趋势 Q2 | 1/2 | 1 | 2 | 0.311 |
| 退水难度 Q3 | 1/2 | 1/2 | 1 | 0.196 |
| 一致性检验 | $\lambda_{\max}=3.05$ | $n=3$ | $CI=0.025$ | $CR=0.043$ |

4. 指标层-准则层权重

在 3 个指标中壅水高度过大漫顶后果极为严重，滑塌长度是决定滑坡级别

的主要因素重要，滑塌高度从工程量角度反映灾害级别，"壅水高度"与"滑塌高度"重要程度比较结果为略重要，"壅水高度"与"滑塌长度"比较结果处于同等重要和略重要之间，"滑塌长度"与"滑塌高度"比较结果为略重要，指标层-准则层 $Q1$ "破坏程度" 计算结果见表 3.14。

表 3.14　　指标层-准则层 $Q1$ "破坏程度" 判断矩阵及权重值

| | 滑塌长度 $Q11$ | 滑塌高度 $Q12$ | 壅水高度 $Q13$ | 权重值（$W_{c1}$） |
|---|---|---|---|---|
| 滑塌长度 $Q11$ | 1 | 3 | 1/2 | 0.332 |
| 滑塌高度 $Q12$ | 1/3 | 1 | 1/3 | 0.140 |
| 壅水高度 $Q13$ | 2 | 3 | 1 | 0.528 |
| 一致性检验 | $\lambda_{\max}=3.05$ | $n=3$ | $CI=0.025$ | $CR=0.043$ |

对工程结构进一步破坏威胁较大两个因素"壅水高度增长速度"与"灾害位置恶化趋势"比较略重要，"壅水高度增长速度"与"滑塌长度增长趋势"比较重要，"灾害位置恶化趋势"与"滑塌长度增长趋势"比较略重要，指标层-准则层 $Q2$ "破坏趋势" 计算结果见表 3.15。

表 3.15　　指标层-准则层 $Q2$ "破坏趋势" 判断矩阵及权重值

| | 壅水高度增长速度 $Q21$ | 滑塌长度增长趋势 $Q22$ | 灾害位置恶化趋势 $Q23$ | 权重值（$W_{c2}$） |
|---|---|---|---|---|
| 壅水高度增长速度 $Q21$ | 1 | 5 | 3 | 0.637 |
| 滑塌长度增长趋势 $Q22$ | 1/5 | 1 | 1/3 | 0.105 |
| 灾害位置恶化趋势 $Q23$ | 1/3 | 3 | 1 | 0.258 |
| 一致性检验 | $\lambda_{\max}=3.05$ | $n=3$ | $CI=0.025$ | $CR=0.043$ |

指标层-准则层 $Q3$ "退水难度" 中共有两个指标，闸门故障率与降低水位高度比较略重要，该判断矩阵阶数为 2 完全满足一致性要求，计算结果见表 3.16。

表 3.16　　指标层-准则层 $Q3$ "退水难度" 判断矩阵及权重值

| | 降低水位高度 $Q31$ | 退水闸正常占比 $Q32$ | 权重值（$W_{c3}$） |
|---|---|---|---|
| 降低水位高度 $Q31$ | 1 | 1/3 | 0.250 |
| 退水闸正常占比 $Q32$ | 3 | 1 | 0.750 |

根据以上相邻层次权重结果，计算"指标层-目标层"的权重，计算结果见表 3.17。由表 3.17 的各指标对渠道边坡滑塌灾害级别影响权重值可以得到，对供水明渠边坡滑塌灾害严重程度影响最大的指标是"壅水高度 $Q13$"，

占比 0.260；其次是指标"壅水高度增长速度 $Q21$"，占比 0.198；再次是指标"滑塌长度 $Q11$"，占比 0.164。

表 3.17　　渠道边坡滑塌灾害级别评级指标体系及其权重值

| 准则层 | 指标层 | 指标层-准则层 | 指标层-目标层 | 重要性排序 |
|---|---|---|---|---|
| 破坏程度 $Q1$ (0.493) | 滑塌长度 $Q11$ | 0.332 | 0.164 | 3 |
| | 滑塌高度 $Q12$ | 0.140 | 0.069 | 6 |
| | 壅水高度 $Q13$ | 0.528 | 0.260 | 1 |
| 破坏趋势 $Q2$ (0.311) | 壅水高度增长速度 $Q21$ | 0.637 | 0.198 | 2 |
| | 滑塌长度增长趋势 $Q22$ | 0.105 | 0.033 | 8 |
| | 灾害位置恶化趋势 $Q23$ | 0.258 | 0.080 | 5 |
| 退水难度 $Q3$ (0.196) | 降低水位高度 $Q31$ | 0.25 | 0.049 | 7 |
| | 退水闸正常占比 $Q32$ | 0.75 | 0.147 | 4 |

#### 3.1.3.4　隶属度矩阵

指标层隶属度矩阵是根据评价指标标准和隶属度函数计算各指标对各级的隶属度，汇总各指标隶属度的矩阵表达。

隶属函数是模糊数学中的概念，其取值范围为 [0，1]，由于定性指标、定量指标特性不同导致确定其具体指标的隶属度的计算方法存在差异。定量指标中的正向指标和逆向指标的隶属度计算方法存在差别，工程灾害中使用线性关系可以快速确定不同指标级别有效的隶属函数值。定性指标各指标隶属度值的确定以管理人员的工程经验为依据。

1. 隶属度计算方法

（1）定性指标隶属度。在具体描述灾害严重程度的指标中，有些信息不能用或难以用具体的数值但可以用程度性词语（如一般、严重等词语）进行描述。评价"渠道边坡滑塌灾害级别"时，"滑塌长度增长趋势"指标可以用"显著""一般""较小"和"无"程度词进行描述，定性指标根据工程管理人员对工程的熟悉作出定性判断，以直接确定隶属矩阵。

（2）定量指标隶属度。定量指标用数据描述，如评价"渠道边坡滑塌灾害级别"时，"滑塌长度""滑塌高度"等可以量化的指标。在构建突发灾害隶属度矩阵时，采用线性函数刻画隶属度分布满足使用要求，正向指标和逆向指标分别采用两种类型进行计算。

（3）正向指标。指标值越大，目标值结果越大的指标称为正向指标，逆向指标隶属函数采用线性函数表示，一级～四级隶属度函数分别见式（3.32）～式（3.35）。

$$F_1(d) = \begin{cases} 1 & (d_1 \leqslant d) \\ \dfrac{d-d_2}{d_1-d_2} & (d_2 \leqslant d < d_1) \\ 0 & (d_2 \geqslant d) \end{cases} \quad (3.32)$$

$$F_2(d) = \begin{cases} 0 & (d_1 \leqslant d) \\ \dfrac{d_1-d}{d_1-d_2} & (d_2 \leqslant d < d_1) \\ \dfrac{d-d_3}{d_2-d_3} & (d_3 \leqslant d < d_2) \\ 0 & (d_3 \geqslant d) \end{cases} \quad (3.33)$$

$$F_3(d) = \begin{cases} 0 & (d_2 \leqslant d) \\ \dfrac{d_2-d}{d_2-d_3} & (d_3 \leqslant d < d_2) \\ \dfrac{d-d_4}{d_3-d_4} & (d_4 \leqslant d < d_3) \\ 0 & (d_4 \geqslant d) \end{cases} \quad (3.34)$$

$$F_4(d) = \begin{cases} 0 & (d_3 \leqslant d) \\ \dfrac{d_3-d}{d_3-d_4} & (d_4 \leqslant d < d_3) \\ 0 & (d_4 \geqslant d) \end{cases} \quad (3.35)$$

式中：$d_1$ 为各指标的一级评价标准；$d_2$ 为各指标的二级评价标准；$d_3$ 为各指标的三级评价标准；$d_4$ 为各指标的四级评价标准；$d$ 为评价灾害指标取值。

正向定量指标是指隶属度值与评价目标值为正相关的指标。例如"滑塌高度 $Q12$"值越大，隶属灾害级别高，对于排除灾害越不利。

（4）逆向指标。指标值越小，目标值评价结果越大的指标称为逆向指标，线性函数可以满足使用要求，逆向指标隶属函数采用线性函数表示，一级～四级隶属度函数分别见式（3.36）～式（3.39）。

$$F_1(d) = \begin{cases} 0 & (d \leqslant d_1) \\ \dfrac{d_2-d}{d_2-d_1} & (d_1 \leqslant d < d_2) \\ 0 & (d \geqslant d_2) \end{cases} \quad (3.36)$$

$$F_2(d) = \begin{cases} 0 & (d \leqslant d_1) \\ \dfrac{d-d_1}{d_2-d_1} & (d_1 \leqslant d < d_2) \\ \dfrac{d_3-d}{d_3-d_2} & (d_2 \leqslant d < d_3) \\ 0 & (d \geqslant d_3) \end{cases} \quad (3.37)$$

$$F_3(d) = \begin{cases} 0 & (d \leqslant d_2) \\ \dfrac{d-d_2}{d_3-d_2} & (d_2 \leqslant d < d_3) \\ \dfrac{d_4-d}{d_4-d_3} & (d_3 \leqslant d < d_4) \\ 0 & (d \geqslant d_4) \end{cases} \quad (3.38)$$

$$F_4(d) = \begin{cases} 0 & (d_3 \leqslant d) \\ \dfrac{d-d_3}{d_4-d_3} & (d_3 \leqslant d < d_4) \\ 1 & (d \geqslant d_4) \end{cases} \quad (3.39)$$

式中：$d_1$ 为各指标的一级评价标准；$d_2$ 为各指标的二级评价标准；$d_3$ 为各指标的三级评价标准；$d_4$ 为各指标的四级评价标准；$d$ 为评价灾害指标取值。

逆向定量指标是指隶属度值与评价目标值为负相关的指标。

2. 设定灾害情景隶属度矩阵

以供水工程设定灾害为评价对象，根据该次灾害信息记录，在工程管理人员指导下，完成评价指标的隶属度矩阵的构建，结果见表 3.18。

表 3.18　　　　渠道滑坡突发灾害评级隶属度矩阵

| 指　标　层 | 一级（$a_1$） | 二级（$a_2$） | 三级（$a_3$） | 四级（$a_4$） |
|---|---|---|---|---|
| 滑塌长度 $Q11$ | 0 | 0.76 | 0.24 | 0 |
| 滑塌高度 $Q12$ | 0.75 | 0.25 | 0 | 0 |
| 壅水高度 $Q13$ | 0 | 0.50 | 0.50 | 0 |
| 壅水高度增长速度 $Q21$ | 0 | 0.7 | 0.3 | 0 |
| 滑塌长度增长趋势 $Q22$ | 0 | 0.2 | 0.8 | 0 |
| 灾害位置恶化趋势 $Q23$ | 0 | 0.1 | 0.9 | 0 |
| 降低水位高度 $Q31$ | 0.69 | 0.31 | 0 | 0 |
| 退水闸正常占比 $Q32$ | 0 | 0 | 0.65 | 0.35 |

### 3.1.3.5　模糊综合评价

1. 模糊综合评价方法

（1）一级综合评价。一级综合评价是对"准则层-指标层"相邻层次的评价，共需计算次数与准则层数量相等。每次计算结果为矩阵，其行数为1，列数与评价标准级别数量相同，第$i$个准则层的计算公式为式（3.40）：

$$Q_i = W_{ci} \circ R_i \tag{3.40}$$

式中：$Q_i$为准则层$i$的模糊评价结果；$W_{ci}$为准则层$i$下指标的权重矩阵；$R_i$为准则层$i$下指标对应的隶属度矩阵；$\circ$为模糊算子。

由于评价标准共有4个级别，每个二级评价结果均为一个$Q_{1\times 4}$的矩阵，将所有二级计算结果汇总后构成一级综合评价的总成果，也是二级综合评价的基础。

（2）二级综合评价。二级综合评价是对"目标层-准则层"相邻层次的评价，同样采用$M(\cdot, \oplus)$进行计算，目标层的计算公式为目标层下各准则的权重矩阵乘上一级综合评价的总成果。

灾害综合评价值计算结果为$1\times 4$矩阵，从左到右分别表示"一级""二级""三级"和"四级"与级别相互对应，数值越大，表明灾害隶属程度越高。

2. 设定灾害情景模糊综合评价

（1）一级模糊综合评价。利用式（3.40），对"指标层-准则层"分别进行一级模糊综合评价，计算出所有指标的一级模糊综合评价矩阵结果见表3.19。

表 3.19　　一级模糊综合评价矩阵结果

| 指标权重向量 $A_i$ 与评价矩阵 $R_i$ | 模糊运算结果 $Q_i$ |
|---|---|
| $A_1 = [0.3325 \quad 0.1396 \quad 0.5278]$<br>$R_1 = \begin{bmatrix} 0 & 0.76 & 0.24 & 0 \\ 0.75 & 0.25 & 0 & 0 \\ 0 & 0.50 & 0.50 & 0 \end{bmatrix}$ | $Q_1 = [0.1050 \quad 0.5513 \quad 0.3437 \quad 0]$ |
| $A_2 = [0.6370 \quad 0.1047 \quad 0.2583]$<br>$R_2 = \begin{bmatrix} 0 & 0.70 & 0.30 & 0 \\ 0 & 0.20 & 0.80 & 0 \\ 0 & 0.10 & 0.90 & 0 \end{bmatrix}$ | $Q_2 = [0 \quad 0.4927 \quad 0.5073 \quad 0]$ |
| $A_3 = [0.2500 \quad 0.7500]$<br>$R_3 = \begin{bmatrix} 0.69 & 0.31 & 0 & 0 \\ 0 & 0 & 0.65 & 0.35 \end{bmatrix}$ | $Q_3 = [0.1725 \quad 0.0775 \quad 0.4875 \quad 0.2625]$ |

一级模糊综合评价计算结果汇总于表3.20，同时作为二级模糊综合评价的隶属度矩阵数据。

表 3.20　　　　　　　一级模糊综合评价计算结果

| | 一级 | 二级 | 三级 | 四级 |
|---|---|---|---|---|
| 破坏程度（$Q_1$） | 0.105 | 0.551 | 0.344 | 0.000 |
| 破坏趋势（$Q_2$） | 0.000 | 0.493 | 0.507 | 0.000 |
| 退水难度（$Q_3$） | 0.173 | 0.078 | 0.488 | 0.263 |

一级模糊综合评价的结果体现不同准则层对评价级别的隶属度。以准则层1"破坏程度"为例，对一级的隶属度值为 0.431，二级的隶属度值为 0.306，三级的隶属度值为 0.264，四级的隶属度值为 0.000。"指标层-准则层"的一级综合评价结果表明"破坏程度"隶属程度更高，"破坏趋势"和"退水难度"隶属三级程度最高。

（2）二级模糊综合评价。二级模糊运算结果见表 3.21。

表 3.21　　　　　　　二级模糊综合评价

| 指标权重向量 $A$ 与评价矩阵 $R$ | 模糊运算结果 $Q$ |
|---|---|
| $A = \begin{bmatrix} 0.4934 & 0.3108 & 0.1958 \end{bmatrix}$ <br> $R = \begin{bmatrix} 0.1050 & 0.5513 & 0.3437 & 0.0000 \\ 0.0000 & 0.4927 & 0.5073 & 0.0000 \\ 0.1725 & 0.0775 & 0.4875 & 0.2625 \end{bmatrix}$ | $Q = \begin{bmatrix} 0.0856 & 0.4402 & 0.4228 & 0.0514 \end{bmatrix}$ |

评价结果见表 3.22。

表 3.22　　　　　　　二级模糊综合评价结果

| 级别 | 一级 | 二级 | 三级 | 四级 |
|---|---|---|---|---|
| 综合评价结果 | 0.086 | 0.440 | 0.423 | 0.051 |

综合评价结果中设定渠道边坡滑塌灾害级别对于"二级"和"三级"的隶属程度均较高，且相差较小，隶属其他级别程度较低，从最大隶属原则和安全角度考虑，确定设定灾害评价级别为"二级"，应急抢险负责单位为管理局，其他单位在管理局的领导下承担各自任务。

## 3.2　高寒区供水渠道典型突发险情模拟

### 3.2.1　突发险情分类

高寒区供水渠道突发险情主要包括以下 3 种：
（1）工程或设备破坏，影响正常供水。
（2）突发水质污染，危害社会安全。

(3) 短期超大流量供水，满足用水需求。

因此，本课题根据突发险情分类，设置流量增加、流量减少、中断供水、冰期输水等几种工况进行数值模型。具体工况设置见图3.9。

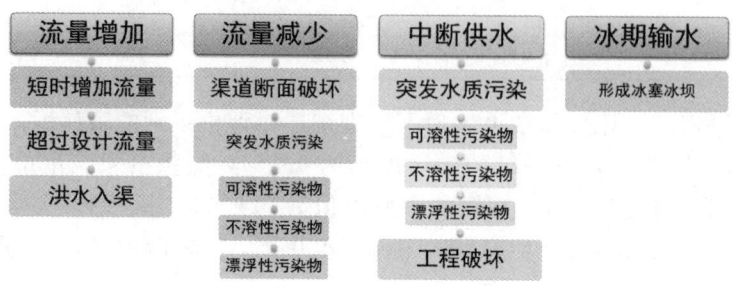

图3.9 工况设置

### 3.2.2 突发水污染模拟

#### 3.2.2.1 参数选择

对2016年实测入渠流量资料进行统计见图3.10，从图中可以看出，流量区间在30~40m³/s之间出现频次最多，其次为50~60m³/s，且在稳定运行期间，输水流量在40~60m³/s占50%，最大运行流量96.7m³/s，因此，本书在进行模拟计算时，流量取值为36m³/s（30%$Q_{设}$）、72m³/s（60%$Q_{设}$）、96m³/s（80%$Q_{设}$）。

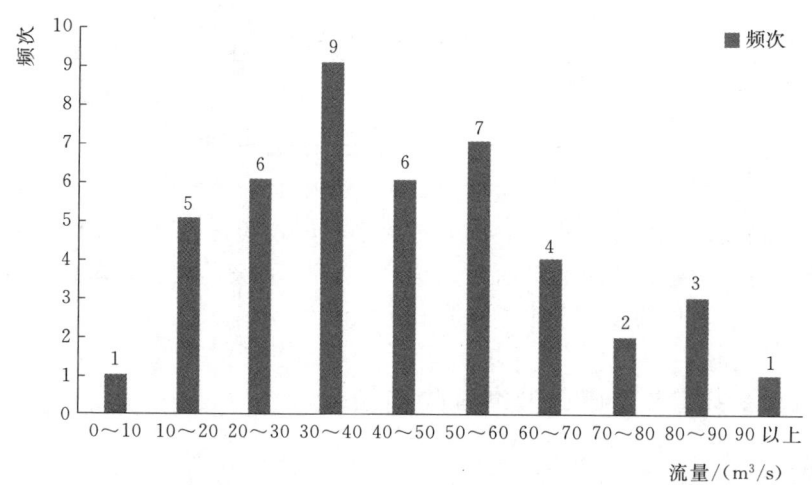

图3.10 2016年各阶段流量频次

国内运输车型尺寸及限载重量标准见表3.23，根据常用车型及其限载标准，本书在应急工况模拟时，污染物质量分别考虑0.5t、5t、18t 3种情况的突发水污染事件。

表 3.23 国内运输车型尺寸及限载重量标准

| 车型 | 容积/m³ | 可装载/m³ | 载重/t | 备注 |
|---|---|---|---|---|
| 0.5t | 3 | 2 | 0.5 | 仅用于短途 |
| 1t | 4 | 3 | 1 | 仅用于短途 |
| 1.5t | 7 | 6 | 1.5 | 仅用于短途 |
| 3t | 12 | 10 | 3 | 仅用于短途 |
| 5t | 40 | 34 | 5 | 常用车型 |
| 8t | 41 | 35 | 8 | 辅助车型 |
| 10t | 54 | 46 | 10 | 辅助车型 |
| 40t | 75 | 64 | 18 | 常用车型 |
| 45t | 85 | 72 | 18 | 辅助车型 |
| 48t | 91 | 77 | 18 | 罕见车型 |

鉴于北疆供水工程供水特点,渠道内发生突发水污染事故后,最关注的是事故位置下游的分水口、退水口位置的水质状况,因为其直接影响向该分水口供水水质安全及是否需要对水污染事故进行处置。将污染物在水质控制点(分水口或退水口)的污染物浓度超过 0.001mg/L 作为需要采取应急响应措施的界限,因为根据水质标准及毒理学指标,天然水体中的部分物质(如汞、镉)浓度超过 0.001mg/L 即可产生毒性效应毒理性指标见表 3.24。

表 3.24 毒 理 性 指 标

| 毒理性指标 | 数值/(mg/L) | 毒理性指标 | 数值/(mg/L) |
|---|---|---|---|
| 砷 | 0.05 | 氟化物 | 1.0 |
| 镉 | 0.005 | 铅 | 0.01 |
| 铬(六价) | 0.05 | 硝酸盐(以 N 计) | 20 |
| 氰化物 | 0.05 | | |

#### 3.2.2.2 流量不变模式

在流量不发生变化情况下,高寒区渠道中发生突发水污染时,模拟工况设置见表 3.25。

表 3.25 突 发 水 污 染 工 况

| 污染发生时间 | 污染发生位置 | 污染量级 | 流量 |
|---|---|---|---|
| 2016.6.15 12:00 | 30+000 | 0.5t、5t、18t | 36m³/s、96m³/s |

结果如图 3.11~图 3.13 所示。

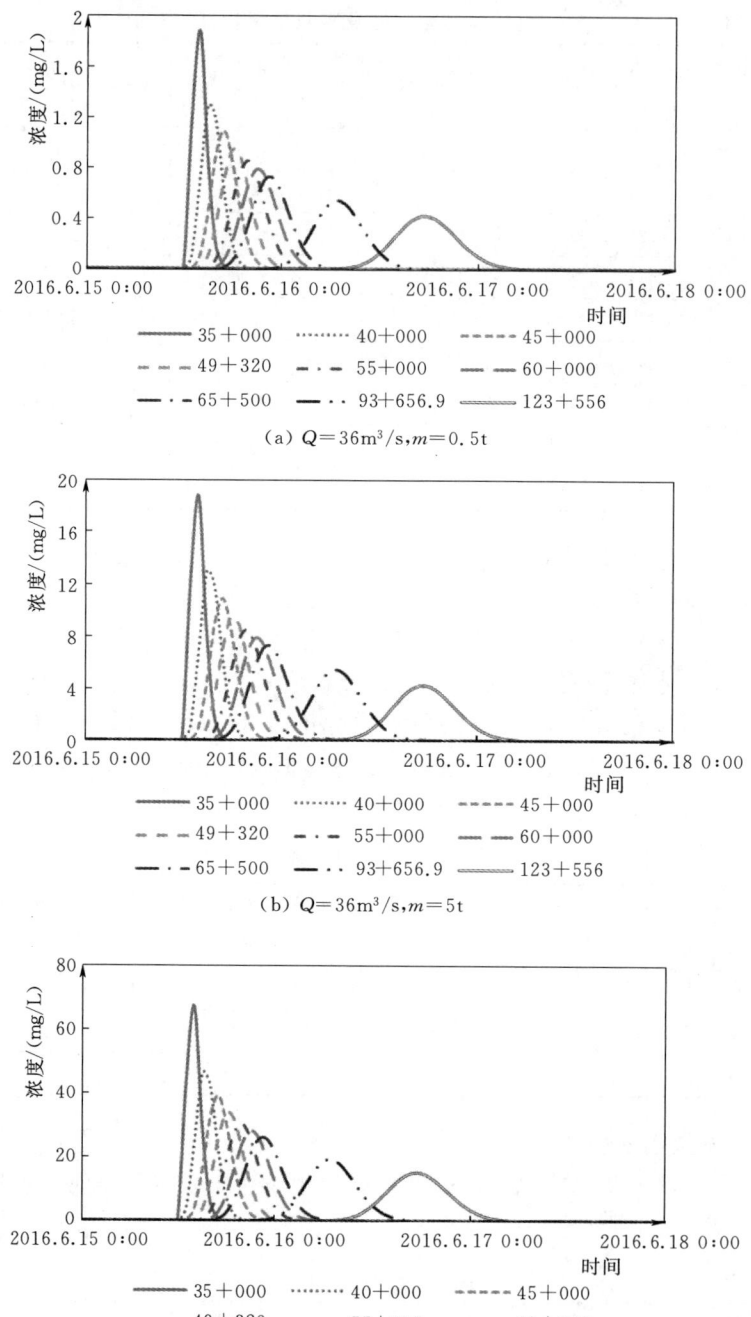

图 3.11（一） 流量不变模式工况计算结果

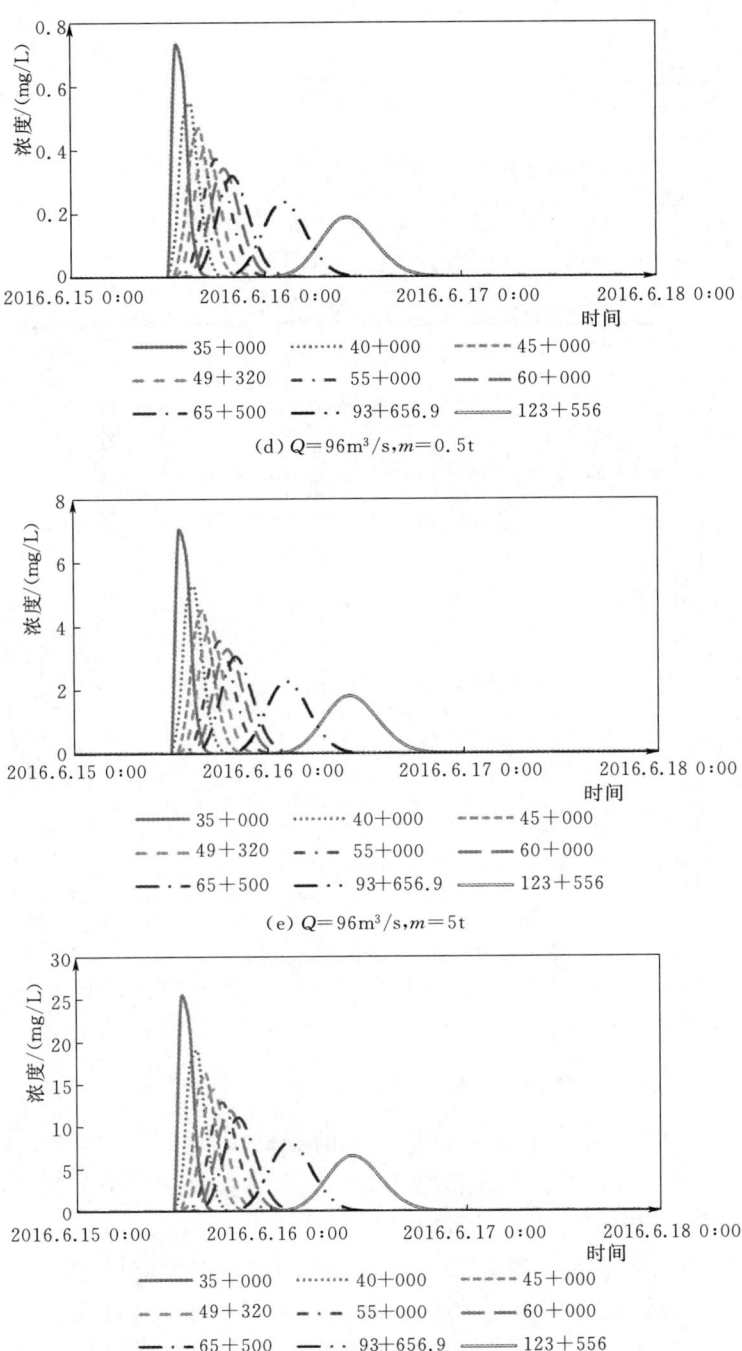

图 3.11（二） 流量不变模式工况计算结果

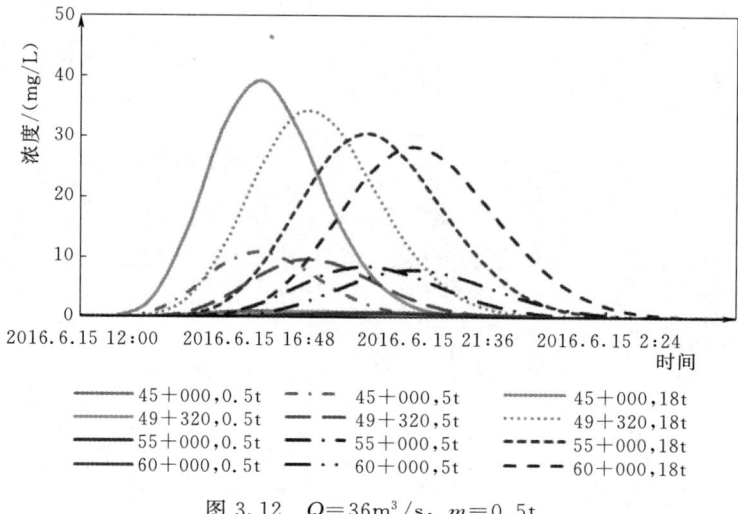

图 3.12　$Q=36\text{m}^3/\text{s}$，$m=0.5\text{t}$

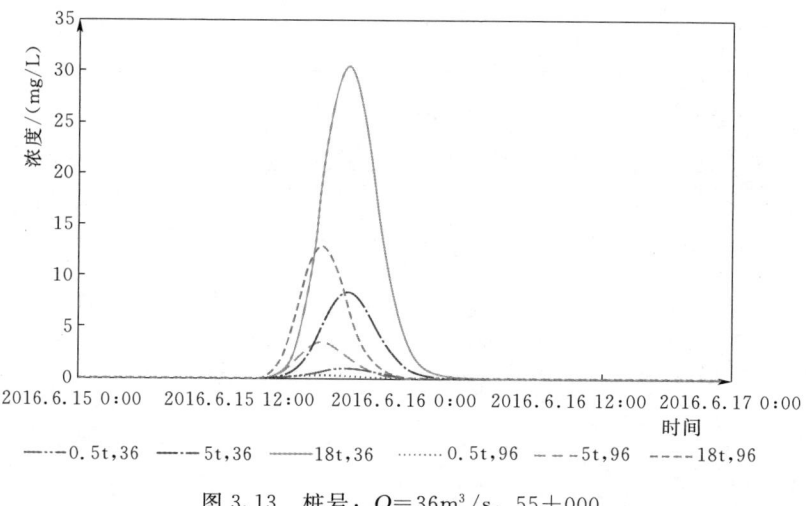

图 3.13　桩号：$Q=36\text{m}^3/\text{s}$，55+000

在流量不变模式下，通过对模拟结果的分析，以污染物质量 $m=0.5\text{t}$ 和 $Q=36\text{m}^3/\text{s}$、桩号 55+000 的模拟结果为例，分析突发水污染工况下，污染物在渠道中输移扩散规律，见表 3.26 和表 3.27。

从表 3.26 可以看出，当 $Q$ 为 $36\text{m}^3/\text{s}$ 时，污染物持续时间为 44h，但当 $Q$ 为 $96\text{m}^3/\text{s}$ 时，污染物在渠道中的持续时间缩减到 34h，同时可以看出，各个断面的峰值浓度较大幅度的较小，且浓度峰值达到时间有所提前。因此表明，同等质量的污染物进入渠道时，若渠道中流量较大，达到各断面的污染物浓度峰值有所减小，且在渠道中消散的较快，持续时间较短。

## 3.2 高寒区供水渠道典型突发险情模拟

表 3.26　　　　　　　　　$m=0.5t$ 计算结果

| $Q$/(m³/s) | 桩号 | 峰值浓度/(mg/L) | 峰值浓度到达时间/h | 污染持续时间/h | 渠道污染最终消失时间/h |
|---|---|---|---|---|---|
| 36 | 35+000 | 2.078 | 2 | 6 | 44 |
|  | 45+000 | 1.232 | 5 | 12 |  |
|  | 55+000 | 0.961 | 8 | 15 |  |
|  | 65+000 | 0.802 | 11 | 15 |  |
|  | 93+656.9 | 0.51 | 20 | 15 |  |
|  | 123+556 | 0.392 | 30 | 21 |  |
| 96 | 35+000 | 0.697 | 1 | 5 | 34 |
|  | 45+000 | 0.452 | 4 | 9 |  |
|  | 55+000 | 0.358 | 6 | 12 |  |
|  | 65+000 | 0.307 | 8 | 14 |  |
|  | 93+656.9 | 0.226 | 14 | 18 |  |
|  | 123+556 | 0.182 | 22 | 22 |  |

从表 3.27 可以看出，在桩号 55+000 处，入渠的污染物质量越大，该位置的污染物浓度峰值越大，但在 $Q=36\text{m}^3/\text{s}$ 和 $Q=96\text{m}^3/\text{s}$ 两种流量下，污染物达到该断面的时间不随污染物质量的增加而变化，这表明，污染物传播时间与污染物质量无关，而与流速有关。当渠道中流量较大时，该断面处受污染时间比小流量时较短。

表 3.27　　　　　　　　桩号 55+000 计算结果

| $Q$/(m³/s) | 污染物质量/t | 峰值浓度/(mg/L) | 峰值浓度到达时间/h | 污染持续时间/h |
|---|---|---|---|---|
| 36 | 0.5 | 0.961 | 8 | 15 |
|  | 5 | 8.485 | 8 | 17 |
|  | 18 | 30.545 | 8 | 18 |
| 96 | 0.5 | 0.358 | 6 | 12 |
|  | 5 | 3.582 | 6 | 14 |
|  | 18 | 12.895 | 6 | 15 |

#### 3.2.2.3 增加流量模式

在流量增加情况下,高寒区渠道中发生突发水污染时,模拟工况设置见表 3.28。

表 3.28　　　　　　　　　　工　况　设　置

| 污染发生时间 | 污染发生位置 | 污染量级 | 流　量 |
|---|---|---|---|
| 2016.6.15　12:00 | 30+000 | 0.5t、5t、18t | 36~96m³/s |
|  |  |  | 72~120m³/s |

结果见图 3.14~图 3.16。

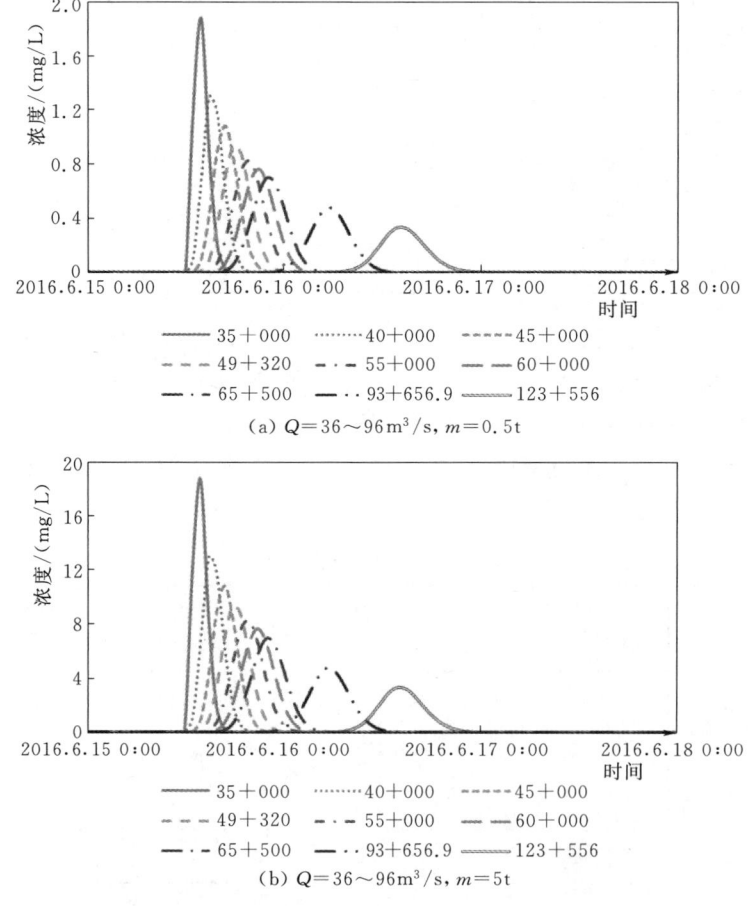

(a) $Q=36\sim96\mathrm{m}^3/\mathrm{s}$, $m=0.5\mathrm{t}$

(b) $Q=36\sim96\mathrm{m}^3/\mathrm{s}$, $m=5\mathrm{t}$

图 3.14(一)　流量增加模式工况计算结果

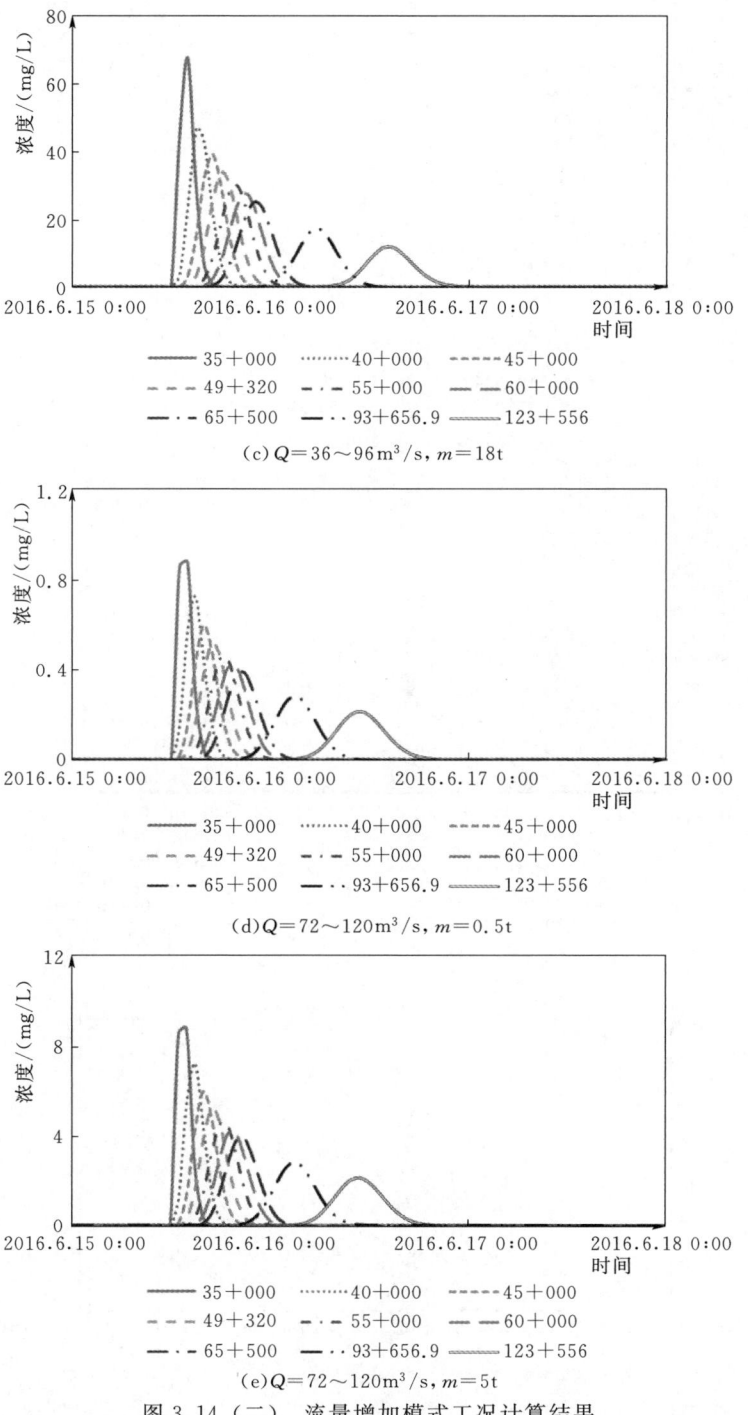

图 3.14（二） 流量增加模式工况计算结果

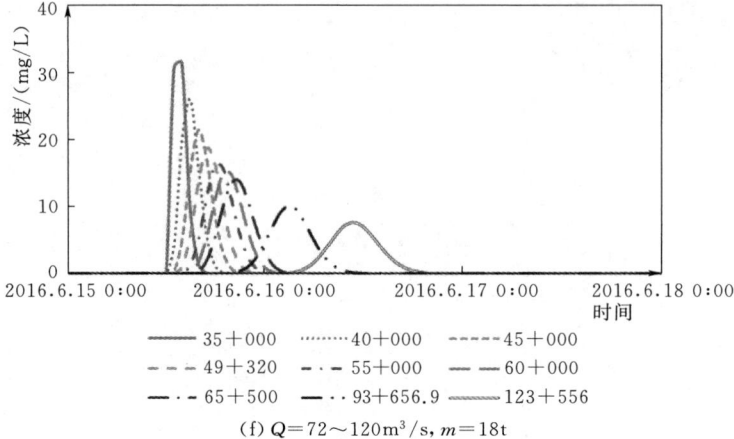

(f) $Q=72\sim120\mathrm{m^3/s}$, $m=18\mathrm{t}$

图 3.14（三） 流量增加模式工况计算结果

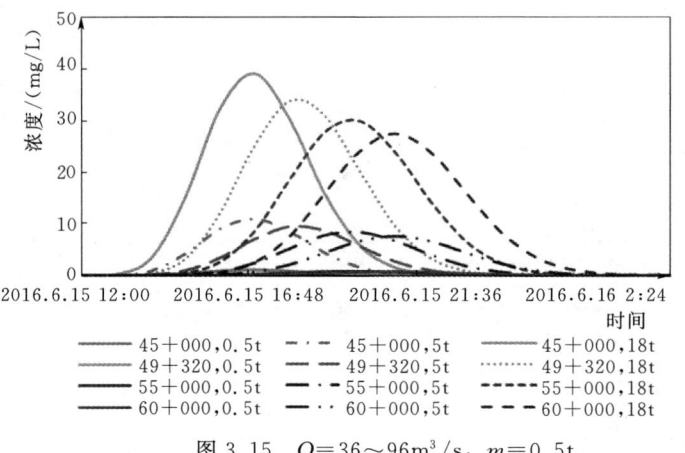

图 3.15　$Q=36\sim96\mathrm{m^3/s}$，$m=0.5\mathrm{t}$

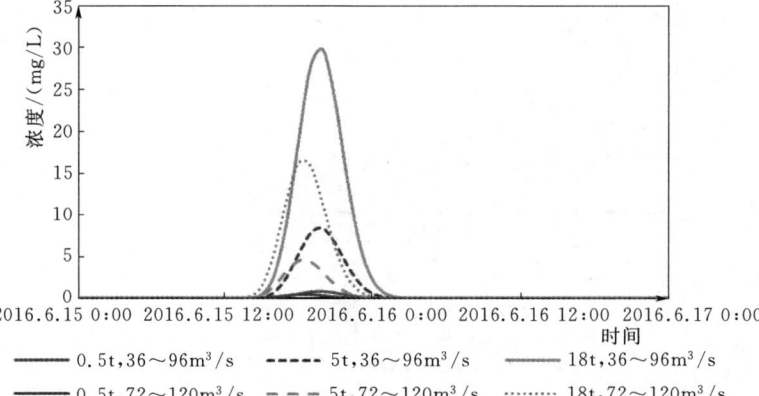

图 3.16　$Q=36\sim96\mathrm{m^3/s}$，55+000

## 3.2 高寒区供水渠道典型突发险情模拟

在增加流量模式下,通过对模拟结果的分析,以污染物质量 $m=0.5t$ 和 $Q=36\sim96 \mathrm{m}^3/\mathrm{s}$、桩号 55+000 的模拟结果为例,分析突发水污染工况下,污染物在渠道中输移扩散规律,见表 3.29 和表 3.30。

表 3.29    $m=0.5t$ 计算结果

| $Q$ /(m³/s) | 桩号 | 峰值浓度 /(mg/L) | 峰值浓度到达时间/h | 污染持续时间/h | 渠道污染最终消失时间/h |
|---|---|---|---|---|---|
| 36~96 | 35+000 | 1.873 | 2 | 6 | 38 |
| | 45+000 | 1.084 | 5 | 11 | |
| | 55+000 | 0.827 | 8 | 14 | |
| | 65+000 | 0.696 | 10 | 15 | |
| | 93+656.9 | 0.473 | 18 | 18 | |
| | 123+556 | 0.332 | 26 | 20 | |
| 96~120 | 35+000 | 0.875 | 2 | 5 | 33 |
| | 45+000 | 0.596 | 4 | 10 | |
| | 55+000 | 0.448 | 6 | 12 | |
| | 65+000 | 0.386 | 7 | 14 | |
| | 93+656.9 | 0.283 | 15 | 17 | |
| | 123+556 | 0.214 | 23 | 20 | |

表 3.30    55+000 计算结果

| $Q$ /(m³/s) | 污染物质量 /t | 峰值浓度 /(mg/L) | 峰值浓度到达时间 /h | 污染持续时间 /h |
|---|---|---|---|---|
| 36~96 | 0.5 | 0.827 | 8 | 14 |
| | 5 | 8.27 | 8 | 15 |
| | 18 | 29.774 | 8 | 17 |
| 96~120 | 0.5 | 0.448 | 6 | 12 |
| | 5 | 4.48 | 6 | 14 |
| | 18 | 16.129 | 6 | 15 |

从表 3.29 可以看出,当 $Q$ 由 $36\mathrm{m}^3/\mathrm{s}$ 增加到 $96\mathrm{m}^3/\mathrm{s}$ 时,污染物持续时间为 38h,当 $Q$ 由 $72\mathrm{m}^3/\mathrm{s}$ 增加到 $120\mathrm{m}^3/\mathrm{s}$ 时,污染物在渠道中的持续时间缩减到 33h,同时可以看出,各个断面的峰值浓度较大幅度的较小,且浓度峰值达到时间有所提前。因此表明,同等质量的污染物进入渠道时,若渠道中流量较大,达到各断面的污染物浓度峰值有所减小,且在渠道中消散的较快,持续时间较短。

从表 3.30 可以看出,在桩号 55+000 处,入渠的污染物质量越大,该位置的污染物浓度峰值越大，但 $Q=36\sim96\mathrm{m}^3/\mathrm{s}$ 和 $Q=72\sim120\mathrm{m}^3/\mathrm{s}$ 两种流量下，污染物达到该断面的时间不随污染物质量的增加而变化，这表明，污染物传播时间与污染物质量无关，而与流速有关。当渠道中流量较大时，该断面处受污染时间比小流量时较短。

### 3.2.3 突发渠坡滑塌模拟

#### 3.2.3.1 渠坡滑塌情景设置

根据北疆渠道的风险因子识别结果，渠道滑坡是北疆供水工程中最易发生的风险事件，但目前对渠道滑坡的研究多集中在破坏特征、演化机制及防治措施上（邹勇等，2017；于国强等，2015；陆定杰等，2014；徐虎城等，2014；张健，2012），缺少对渠道发生滑坡后渠道内水流变化的研究。北疆供水工程因渠线长、渠道所处地理位置偏僻，发生滑坡后不易发现并及时处理，严重情况下还会导致渠道进一步破坏，因此研究渠道滑坡后水面线的变化对渠道安全具有重要意义。

北疆供水工程的滑坡原因主要是融雪积水和通水运行渠坡存在水位差，或因冻融冻胀导致渠坡失稳导致渠道发生滑坡（徐虎城等，2014），北疆供水工程明渠形式以挖方为主，滑坡型式为渠道内边坡滑塌，滑坡型式以圆弧形为主。北疆供水工程2016年发生的滑坡统计情况见表3.31，运行期间共发生11次滑坡，主要集中在30+000～40+000段，滑坡最小长度为37m，最大长度为75m。

表 3.31　　　　　　　滑 坡 统 计

| 桩 号 | 位置 | 长度/m | 桩 号 | 位置 | 长度/m |
| --- | --- | --- | --- | --- | --- |
| 31+498～31+542 | 右坡 | 44 | 37+961～39+011 | 左坡 | 50 |
| 31+613～31+656 | 右坡 | 43 | 19+108～19+183 | 左坡 | 75 |
| 21+586～21+623 | 右坡 | 37 | 12+997～13+048 | 左坡 | 51 |
| 38+596～38+635 | 左坡 | 39 | 18+214～18+286 | 左坡 | 72 |
| 38+953～39+006 | 右坡 | 53 | 18+221～18+269 | 左坡 | 48 |
| 38+914～38+989 | 左坡 | 75 | | | |

为研究渠道滑坡后水面线的变化，根据2016年北疆供水工程滑坡统计情况，选取20+000～40+000段作为滑坡模拟段，设置不同的滑坡情景进行研究。本书将渠道滑坡概括为两种形式：假设滑坡面由渠堤至渠底全部滑塌；假设滑坡面由渠堤至渠坡中间位置部分滑塌，滑坡面末端与水平方向相切。每种滑坡型式又分为单侧滑塌和两侧滑塌，并假设滑坡体全部滑入渠底，且全部摊平淤积在渠底，具体滑塌形式见图3.17。

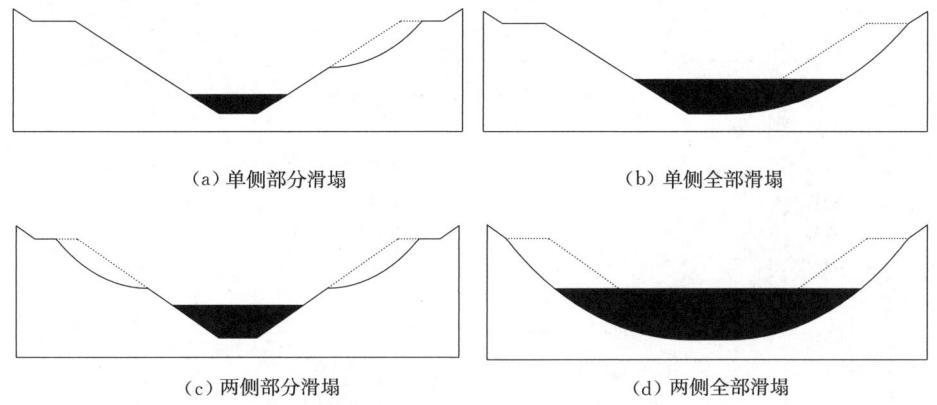

(a) 单侧部分滑塌　　　　　　　　(b) 单侧全部滑塌

(c) 两侧部分滑塌　　　　　　　　(d) 两侧全部滑塌

图 3.17　渠道滑坡型式

单侧部分滑塌圆弧形滑坡面半径为 14.55m，单位长度滑坡体体积为 11.02m³，滑坡体滑入渠底后淤积高度为 1.55m；单侧全部滑塌圆弧形滑坡面半径为 29.1m，单位长度滑坡体体积为 44.08m³，滑坡体滑入渠底后淤积高度为 2.87m；两侧部分滑塌圆弧形滑坡面半径为 14.55m，单位长度滑坡体体积为 22.038m³，滑坡体滑入渠底后淤积高度为 2.47m；两侧全部滑塌圆弧形滑坡面半径为 29.1m，单位长度滑坡体体积为 88.15m³，滑坡体滑入渠底后淤积高度为 3.77m。根据实际运行中滑坡长度，将滑坡模拟长度设置为 50m、100m，渠道滑坡模拟的情景设置共分为 8 种：①渠坡单侧部分滑塌，长度为 50m；②渠坡单侧部分滑塌，长度为 100m；③渠坡单侧全部滑塌，长度为 50m；④渠坡单侧全部滑塌，长度为 100m；⑤渠坡两侧部分滑塌，长度为 50m；⑥渠坡两侧部分滑塌，长度为 100m；⑦渠坡两侧全部滑塌，长度为 50m；⑧渠坡两侧全部滑塌，长度为 100m。

**3.2.3.2　渠道滑坡水动力模型构建**

滑坡体滑至渠底与明渠中修建挡水堰的影响相似，因此宽顶堰的水面线形式对滑坡后水面线形式有一定的参考意义。但因为滑坡长度相对于滑坡体上水头来说大，滑坡段的沿程水头损失不可忽略，所以计算滑坡体水面线时应按明渠流公式进行计算。

假设所有情景中的滑坡起始位置均发生在 35+000 处，保持边界条件与正常段参数条件不变，将渠道滑坡后的断面插入到模型断面文件中，未发生滑坡处初始水深与正常情况下水深相同，分别建立 60%设计流量、80%设计流量及 100%设计流量下 8 种情景的水动力模型。

（1）60%设计流量下 8 种情景水动力模型建立。60%设计流量下，单侧部分滑塌正常渠段初始水深为 4.48m，滑坡段初始水深为 2.94m，初始流量为 72m³/s，滑坡段的淤积高度为 1.55m，断面形式如图 3.18（a）所示；

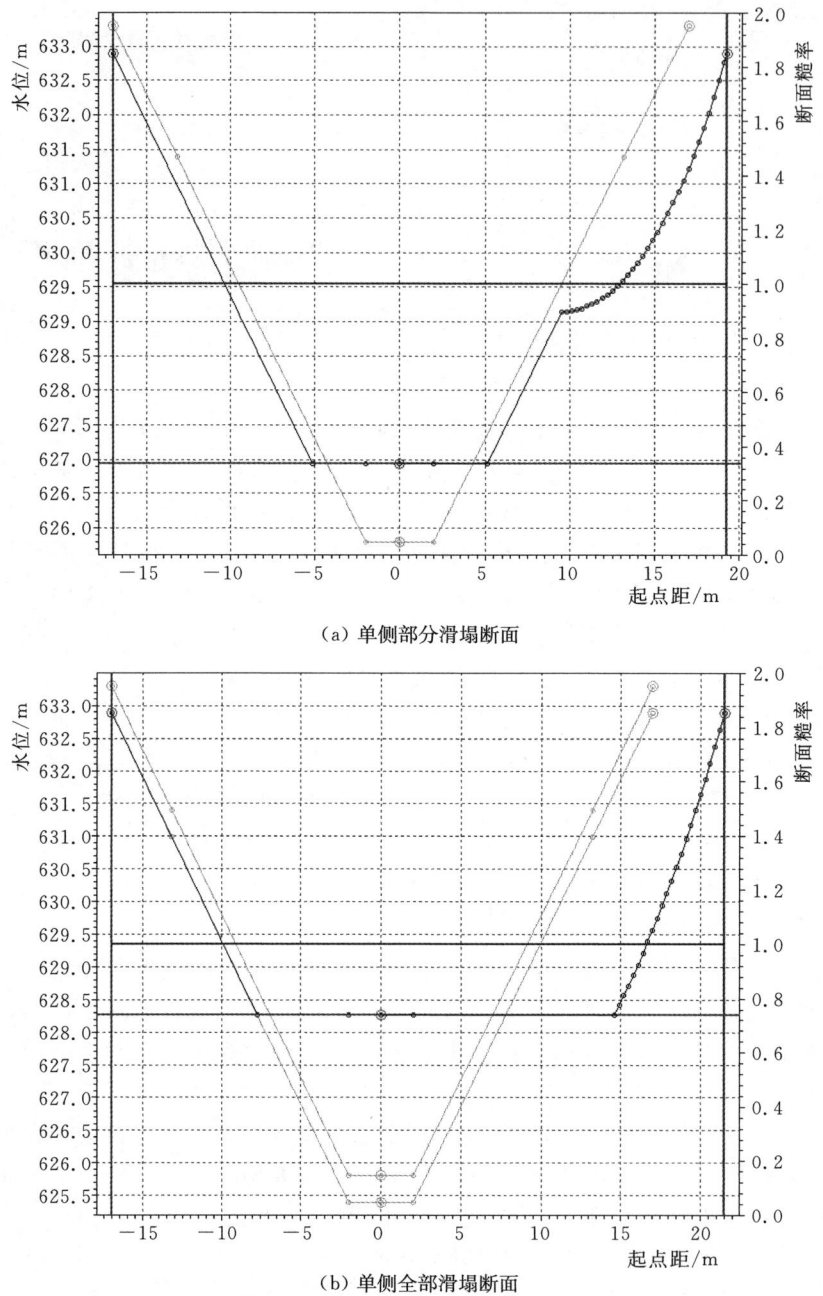

(a) 单侧部分滑塌断面

(b) 单侧全部滑塌断面

图 3.18（一） 渠道滑坡断面形式

## 3.2 高寒区供水渠道典型突发险情模拟

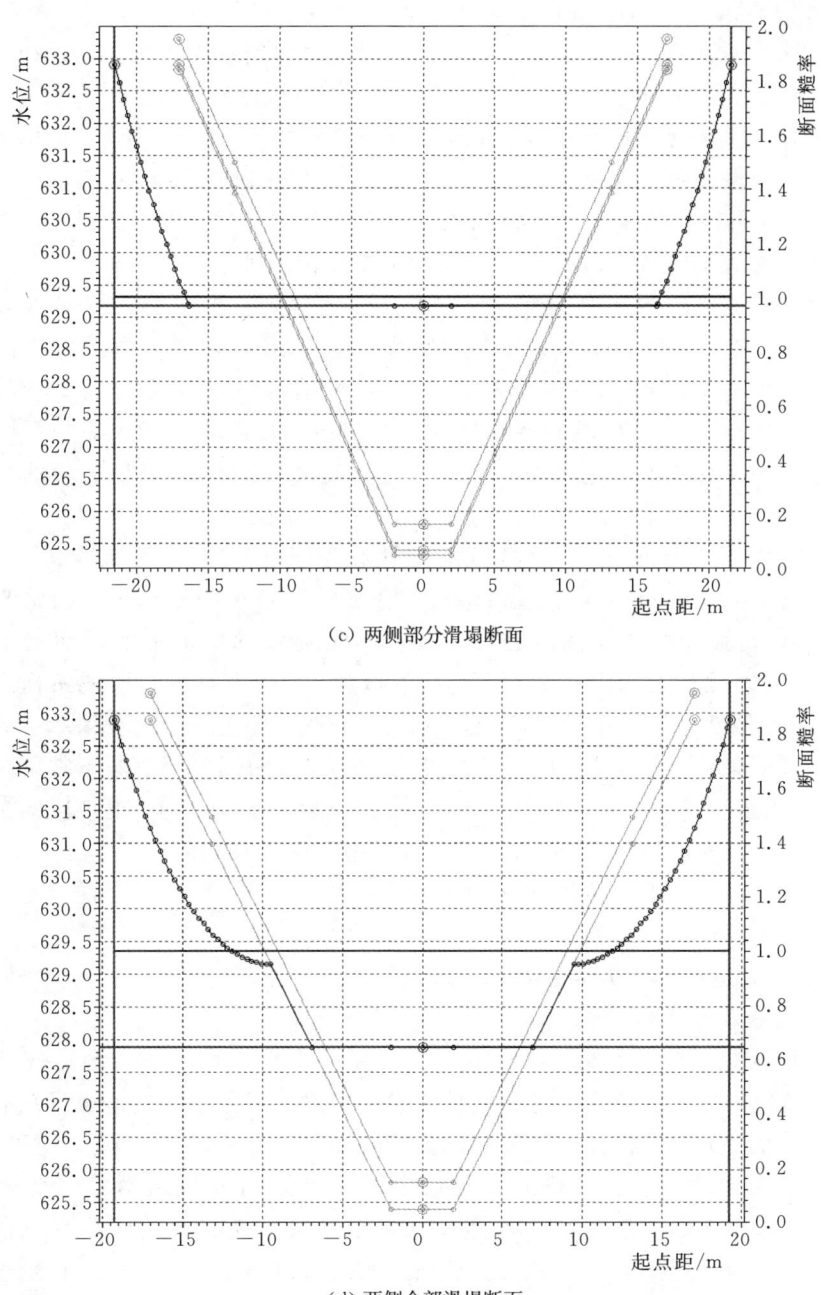

(c) 两侧部分滑塌断面

(d) 两侧全部滑塌断面

图 3.18（二） 渠道滑坡断面形式

单侧全部滑塌正常渠段初始水深为4.48m,滑坡段初始水深1.61m,初始流量为72m³/s,滑坡段的淤积高度为2.87m,断面形式如图3.18(b)所示;两侧部分滑塌正常渠段初始水深为4.48m,滑坡段初始水深为2.01m,初始流量为72m³/s,滑坡段的淤积高度为2.47m,断面形式如图3.18(c)所示;两侧全部滑塌正常渠段初始水深为4.48m,滑坡段初始水深为0.71m,初始流量为72m³/s,滑坡段的淤积高度为3.77m,断面形式如图3.18(d)所示。

(2) 80%设计流量下8种情景水动力模型建立。80%设计流量下,单侧部分滑塌正常渠段初始水深为5.10m,滑坡段初始水深3.55m,初始流量为96m³/s,滑坡段的淤积高度为1.55m;单侧全部滑塌正常渠段初始水深为5.10m,滑坡段初始水深2.23m,初始流量为92m³/s,滑坡段的淤积高度为2.87m;两侧部分滑塌正常渠段初始水深5.10m,滑坡段初始水深2.63m,初始流量为96m³/s,滑坡段的淤积高度为2.47m;两侧全部滑塌正常渠段初始水深5.10m,滑坡段初始水深1.33m,初始流量为96m³/s,滑坡段的淤积高度为3.77m,各滑塌形式的断面与图3.17中断面形式相同。

(3) 100%设计流量下8种情景水动力模型建立。100%设计流量下,单侧部分滑塌正常渠段初始水深为5.58m,滑坡段初始水深4.03m,初始流量为120m³/s,滑坡段的淤积高度为1.55m;单侧全部滑塌正常渠段初始水深为5.58m,滑坡段初始水深2.71m,初始流量为120m³/s,滑坡段的淤积高度为2.87m;两侧部分滑塌正常渠段初始水深为5.58m,滑坡段初始水深3.11m,初始流量为120m³/s,滑坡段的淤积高度为2.47m;两侧全部滑塌正常渠段初始水深5.58m,滑坡段初始水深1.81m,初始流量为120m³/s,滑坡段的淤积高度为3.77m,各滑塌形式的断面与图3.17中断面形式相同。

各设计流量下不同情景的水动力模型,均以50m为最大计算长度,分别以每2h和1d输出一组数据。

### 3.2.3.3 渠道滑坡水力响应特征

1. 滑塌段水面线变化

研究渠道边坡滑塌段的水面线主要关注最大水位壅高是否会造成渠道漫顶,以及根据最大水位壅高的出现位置确定由滑塌引起的水流形态复杂的危险段。以100%设计流量下单侧部分滑塌50m逐时水位为例,对模拟渠段各桩号断面水位变化进行分析。事故发生后滑塌段上游沿程各断面水位变化见表3.32,可看出在边坡滑塌发生的最初5h水位变化较为剧烈,随后水位壅高渐缓并于10h前后达到峰值,此后保持最大壅高水位不变。基于此,在较小的时间步长下绘制事故发生后模拟渠段逐时水位(图3.19),由图3.19可以看出,渠道滑塌灾害发生后的短时间内,因滑塌导致过水断面束缩,在滑塌段上游长距离范围内水位将会产生持续壅高,下游水位出现陡然下降,并在未来的10h

内，上游沿程各断面逐渐达到最大水位壅高值并保持稳定，下游水位逐渐回升，恢复至正常水位并保持稳定。渠道滑塌发生后的最大水深出现在滑塌发生点的上游临界断面处（34+950），对应水位632.3m，较正常情况下水位上涨77cm。60%设计流量、80%设计流量及100%设计流量下各滑塌情景的最大水位壅高及危险断面见表3.33。

表3.32　　100%设计流量下单侧部分滑塌50m上游沿程各断面水位变化

| 桩号 | 时间 | | | | |
|---|---|---|---|---|---|
| | 0h | 5h | 10h | 24h | 72h |
| 34+000 | 631.6m | 632.25m | 632.33m | 632.34m | 632.34m |
| 33+000 | 631.68m | 632.29m | 632.37m | 632.39m | 632.39m |
| 32+000 | 631.76m | 632.34m | 632.42m | 632.44m | 632.44m |
| 31+000 | 631.84m | 632.39m | 632.47m | 632.49m | 632.49m |
| 30+000 | 631.92m | 632.44m | 632.52m | 632.54m | 632.54m |
| 29+000 | 632.01m | 632.49m | 632.57m | 632.59m | 632.59m |
| 28+000 | 632.09m | 632.54m | 632.62m | 632.64m | 632.64m |
| 27+000 | 632.17m | 632.6m | 632.67m | 632.69m | 632.69m |
| 26+000 | 632.25m | 632.65m | 632.73m | 632.74m | 632.74m |
| 25+000 | 632.33m | 632.71m | 632.78m | 632.8m | 632.8m |
| 24+000 | 632.41m | 632.77m | 632.84m | 632.86m | 632.86m |
| 23+000 | 632.49m | 632.83m | 632.9m | 632.91m | 632.91m |
| 22+000 | 632.57m | 632.89m | 632.96m | 632.97m | 632.97m |
| 21+000 | 632.65m | 632.95m | 633.01m | 633.03m | 633.03m |
| 20+000 | 632.74m | 633.01m | 633.08m | 633.09m | 633.09m |

表3.33　　　　　　不同流量下各滑坡情景模拟结果

| 流量 | 情景 | 最大水位壅高/cm | 位置 |
|---|---|---|---|
| 100% | 单侧部分滑塌50m | 77 | 34+950 |
| | 单侧全部滑塌50m | 108 | 34+950 |
| | 两侧部分滑塌50m | 90 | 34+950 |
| | 两侧全部滑塌50m | 137 | 34+950 |
| | 单侧部分滑塌100m | 77 | 34+950 |
| | 单侧全部滑塌100m | 108 | 34+950 |
| | 两侧部分滑塌100m | 90 | 34+950 |
| | 两侧全部滑塌100m | 137 | 34+950 |

续表

| 流量 | 情景 | 最大水位壅高/cm | 位置 |
|---|---|---|---|
| 80% | 单侧部分滑塌50m | 76 | 34+950 |
| | 单侧全部滑塌50m | 111 | 34+950 |
| | 两侧部分滑塌50m | 94 | 34+950 |
| | 两侧全部滑塌50m | 145 | 34+950 |
| | 单侧部分滑塌100m | 76 | 34+950 |
| | 单侧全部滑塌100m | 111 | 34+950 |
| | 两侧部分滑塌100m | 94 | 34+950 |
| | 两侧全部滑塌100m | 145 | 34+950 |
| 60% | 单侧部分滑塌50m | 76 | 34+950 |
| | 单侧全部滑塌50m | 118 | 34+950 |
| | 两侧部分滑塌50m | 104 | 34+950 |
| | 两侧全部滑塌50m | 158 | 34+950 |
| | 单侧部分滑塌100m | 76 | 34+900 |
| | 单侧全部滑塌100m | 118 | 34+950 |
| | 两侧部分滑塌100m | 104 | 34+950 |
| | 两侧全部滑塌100m | 158 | 34+950 |

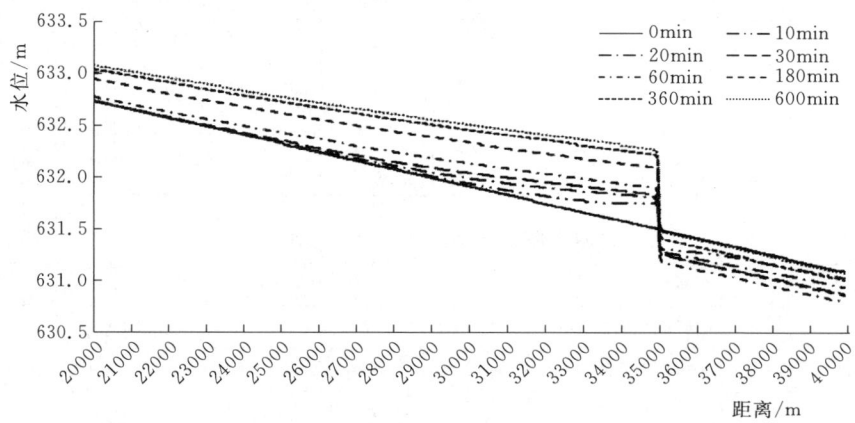

图 3.19  100%设计流量下单侧部分滑塌50m逐时水位

从模拟结果中可看出，60%流量下不同滑塌型式及滑塌长度导致的渠内水位壅高幅度为76～158cm，80%设计流量下不同滑塌型式及滑塌长度导致的水位壅高幅度为76～145cm，100%设计流量下不同滑塌型式及滑塌长度导致的水位壅高幅度为77～137cm。不同的滑塌长度对渠道内最大水位壅高高度的影响较小；不同流量情况下，均以两侧全部滑塌水位壅高幅度最大，单侧部分滑塌水位壅高幅度最小；不同流量及滑塌型式下的最大水位壅高均出现在滑塌体上游临界断面前后。

2. 最大水位壅高

进一步研究不同滑塌形式对水位壅高所造成的不同影响，总结单位长度滑塌体体积与最大水位壅高的关系，见图 3.20。结果表明，在较小体积滑塌情形下，不同输水流量大小对水位壅高的影响甚微，但随着滑塌体体积的逐渐增大，流量因素对滑塌体所造成的水位壅高的影响开始显现，且随着滑塌体体积增大，影响效果愈发显著；相同滑塌体体积下，水位壅高与输水流量成反比；相同流量下，单位长度滑塌体体积与水位壅高成正比关系，且随着流量增大，关系函数指数逐渐减小，即流量越大单位滑塌体积增加所引起的水位壅高越小。

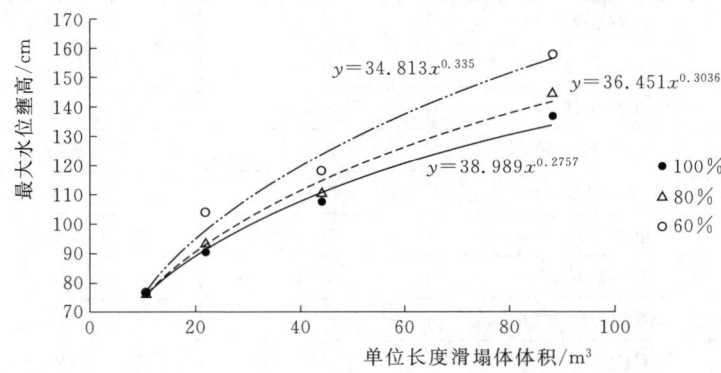

图 3.20 单位长度滑塌体体积与最大水位壅高关系

3. 影响范围

不同滑塌灾害形式对渠道内水位变化的影响范围对渠道边坡滑塌灾害的应急抢险及救援起着重要作用，可对渠道滑塌灾害的预防及易滑塌段闸门的合理布设提供理论依据。为探究不同滑塌形式与滑塌影响范围的关系，将模拟渠段向上游延伸，在边界条件、模型参数均不变的条件下，寻找滑坡发生后稳定水位与相应流量正常工况下渠道水位交点，确定滑塌段上游壅水长度，即渠道滑塌的影响范围。总结不同流量及滑塌形式下的影响范围见表 3.34。

从表 3.34 中可以看出，滑塌体的淤积高度及渠道流量对滑塌影响范围的大小起决定性作用，滑塌体长度对壅水长度的影响不明显。绘制不同长度及流量下滑塌淤积高度与滑塌影响范围散点图，见图 3.21 和图 3.22，由图可得，相同渠道流量下，滑塌影响范围与滑塌体淤积高度成正比；相同淤积高度下，滑塌影响范围与流量成正比，当淤积高度较小时，不同流量对滑塌壅水长度的影响较大，随着淤积高度的增大，流量对滑塌壅水长度的影响逐渐减小。

表 3.34　　　　　　　不同流量及滑塌形式下滑塌影响范围

| 流量 | 情景 | 滑塌体淤积高度/m | 影响范围/km |
|---|---|---|---|
| 100% | 单侧部分 50m | 1.55 | 22.9 |
|  | 单侧全部 50m | 2.87 | 25.7 |
|  | 双侧部分 50m | 2.47 | 24.15 |
|  | 双侧全部 50m | 3.77 | 28.3 |
|  | 单侧部分 100m | 1.55 | 23.1 |
|  | 单侧全部 100m | 2.87 | 25.9 |
|  | 双侧部分 100m | 2.47 | 24.15 |
|  | 双侧全部 100m | 3.77 | 28.2 |
| 80% | 单侧部分 50m | 1.55 | 22.4 |
|  | 单侧全部 50m | 2.87 | 25.25 |
|  | 双侧部分 50m | 2.47 | 23.8 |
|  | 双侧全部 50m | 3.77 | 28.25 |
|  | 单侧部分 100m | 1.55 | 22.2 |
|  | 单侧全部 100m | 2.87 | 25.25 |
|  | 双侧部分 100m | 2.47 | 23.9 |
|  | 双侧全部 100m | 3.77 | 28.2 |
| 60% | 单侧部分 50m | 1.55 | 20.85 |
|  | 单侧全部 50m | 2.87 | 24.25 |
|  | 双侧部分 50m | 2.47 | 23.05 |
|  | 双侧全部 50m | 3.77 | 27.8 |
|  | 单侧部分 100m | 1.55 | 20.8 |
|  | 单侧全部 100m | 2.87 | 24.25 |
|  | 双侧部分 100m | 2.47 | 23.05 |
|  | 双侧全部 100m | 3.77 | 27.85 |

**4. 水位变幅**

对于混凝土预制板渠道，水位的稳定有利于对渠道衬砌的保护，边坡滑塌后的水位剧烈波动可能引起更加严重的渠堤失稳，针对不同事故工况下的渠道水位变幅约束对渠道的安全十分必要。根据模拟结果，不同滑塌体长度对滑塌后上游水位变幅的影响较小，绘制不同流量下滑塌段上游沿程各断面水位变化

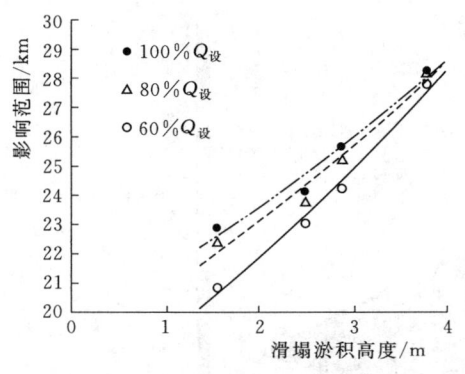
图 3.21　50m 滑塌体淤积高度与影响范围关系

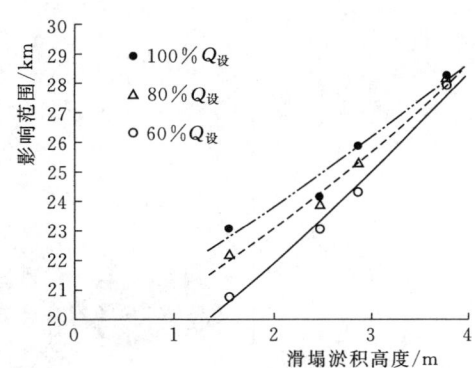
图 3.22　100m 滑塌体淤积高度与影响范围关系

速率图（图 3.23～图 3.25）。随着流量的增大，上游渠道水位变化速率逐渐减小，由于滑塌体引起的初始涨水波逐渐从滑塌发生断面向上游传播，渠道上游断面水位壅高存在明显的滞后效应，但滑塌段上游水位响应较为迅速，在上游 15km 的模拟渠段内，滑塌发生 2h 后起始断面水位壅高速率达到峰值，同时由于渠道内水流的黏滞力，滑塌段上游各断面水位壅高速率峰值总体呈现沿程衰减，在滑塌体引起的涨水波传播至起始断面后，沿程各断面水位上涨速率趋同且逐渐减小。可据此预测滑塌发生后上游某断面水位增长速度，或求证边坡滑塌灾害发生的具体时间，为灾害的预防及抢险救援提供理论参考。

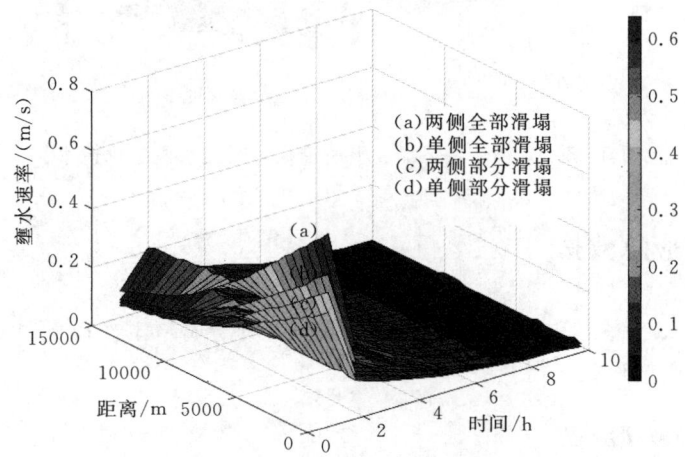
图 3.23　100%流量下滑坡上游沿程各断面水位变化速率

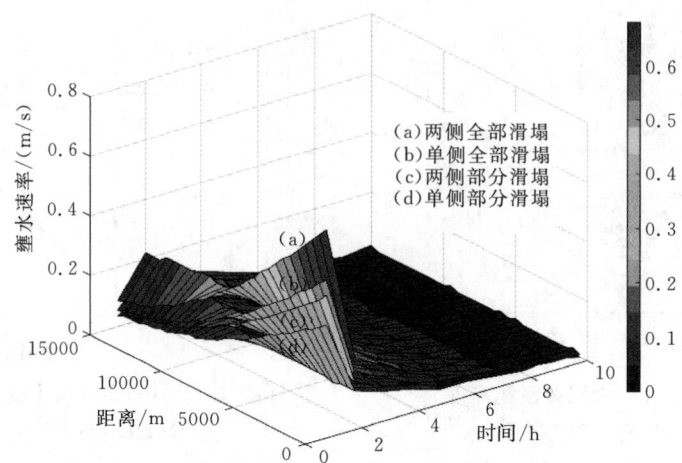

图 3.24　80％流量下滑坡上游沿程各断面水位变化速率

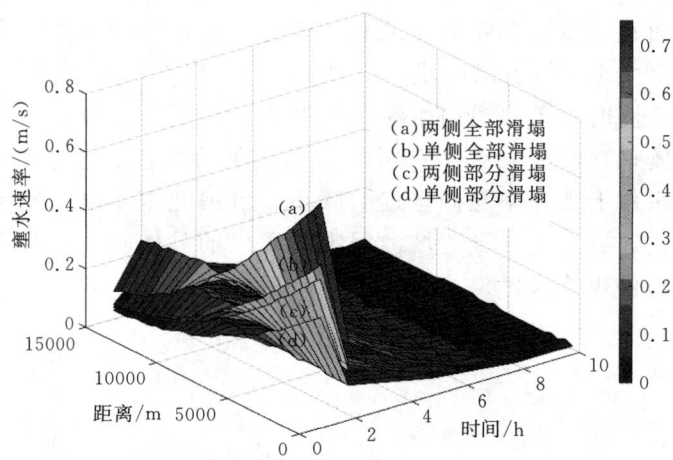

图 3.25　60％流量下滑坡上游沿程各断面水位变化速率

## 3.3　抢险应急救援

研究输水工程中常见的突发灾害为渠道边坡滑塌，本次以此种灾害为研究对象开展研究工作。

### 3.3.1　应急救援流程

通过调研获取现行大规模渠道边坡滑塌应急救援流程见图 3.26。

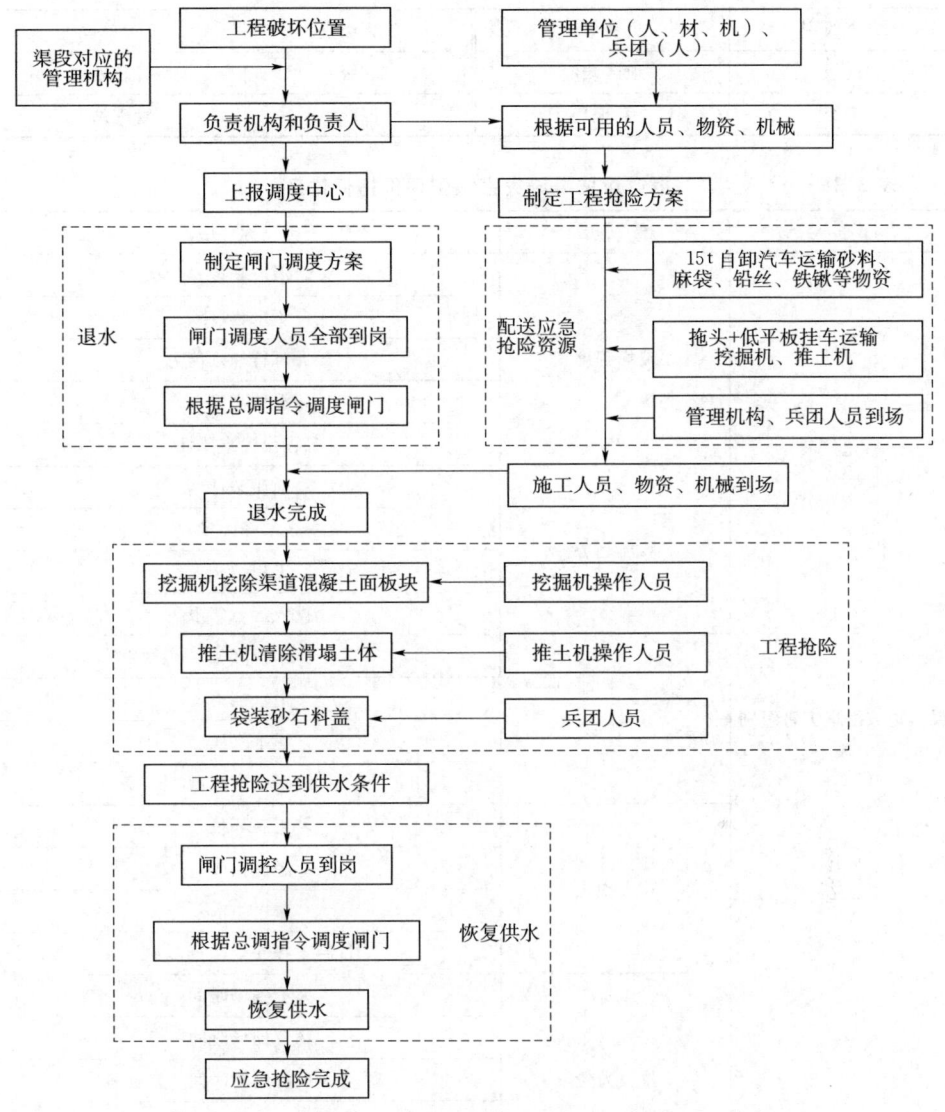

图3.26 渠道边坡大规模滑塌严重壅水应急救援流程

### 3.3.2 应急救援体系搭建

#### 3.3.2.1 确定负责单位

评价级别共为"四级",采用AHP-模糊综合评价方法评价灾害级别,确定负责单位。灾害级别与负责单位对应关系见表3.35,建立评价指标体系见表3.36。

表 3.35　　　　　　　　灾害级别与负责单位对应关系

| 灾害级别 | 负责单位 | 灾害级别 | 负责单位 |
|---|---|---|---|
| 一级 | 地区政府 | 三级 | 管理处 |
| 二级 | 管理局 | 四级 | 管理站 |

表 3.36　　　　　　　渠道边坡滑塌灾害级别评价指标体系

| 目标层 | 准则层 | 指　标　层 |
|---|---|---|
| 渠道边坡滑塌灾害级别 | 破坏程度 | 滑坡长度 |
| | | 壅水程度 |
| | | 最大可行输水能力 |
| | | 滑坡高度 |
| | | 工程位置重要性 |
| | 破坏趋势 | 地质条件 |
| | | 未来降雨量 |
| | | 工程结构 |
| | | 投入运行年限 |
| | 退水难度 | 水位降幅 |
| | | 退水能力 |
| | | 退水水质 |
| | | 降幅速度限制 |
| | 灾害损失 | 生态环境 |
| | | 经济损失 |
| | | 居民生活 |
| | | 日后工程安全运行影响 |
| | 救援力量 | 人员到场时间 |
| | | 物资到场时间 |
| | | 设备到场时间 |
| | | 设备能力发挥程度 |
| | | 管理人员应急救援经验 |

#### 3.3.2.2　动态优化管理

1. 资源优化管理

通过调研获取研究工程应急救援项目中可以使用的资源，共分为工时资源和材料资源两类，应急救援过程中所有工时资源都采用 24 小时工作制，根据物资存放位置优化管理及运用。

2. 制定计划

以"渠道 31＋586～301＋906 段渠道边坡下滑或渠道两侧高边坡下滑 320m，经评价级别为二级，管理局为负责单位进行应急救援"为实例，制定应急救援计划。各项任务信息见表 3.37，根据传统计算得到初步方案的工期为 32.73d。渠道边坡滑塌应急救援方案（初步）网络图见图 3.27。

表 3.37　　　　　　　渠道边坡滑塌灾害应急救援项目

| 标识号 | WBS | 任 务 名 称 |
|---|---|---|
| 1 | 1 | 制定应急救援方案 |
| 2 | 1.1 | 收集渠道边坡滑塌信息 |
| 3 | 1.2 | 评定灾害级别 |
| 4 | 1.3 | 确定负责机构和负责人 |
| 5 | 1.4 | 上报调度中心 |
| 6 | 2 | 退水 |
| 7 | 2.1 | 制定闸门调度方案 |
| 8 | 2.2 | 调度人员到岗 |
| 9 | 2.3 | 调控闸门 |
| 10 | 2.4 | 布设抽水泵 |
| 11 | 3 | 配送应急救援资源 |
| 12 | 3.1 | 运输机械设备 |
| 13 | 3.2 | 兵团人员到场 |
| 14 | 3.3 | 运输砂石料 |
| 15 | 4 | 工程抢险 |
| 16 | 4.1 | 挖除混凝土面板块 |
| 17 | 4.2 | 清除滑塌体 |
| 18 | 4.3 | 袋装砂石料盖压 |
| 19 | 4.4 | 宾格网围护 |
| 20 | 5 | 恢复供水 |
| 21 | 5.1 | 闸门调控人员到岗 |
| 22 | 5.2 | 调控闸门 |

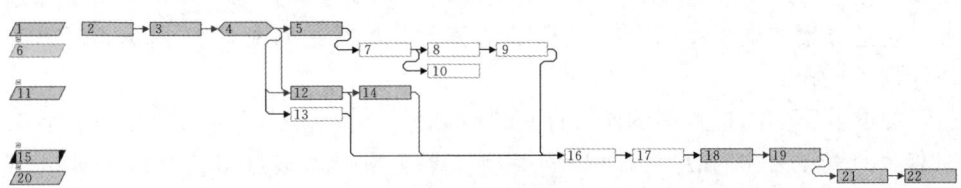

图 3.27　渠道边坡滑塌应急救援方案（初步）网络图

3. 时间优化

(1) 关键线路优化。关键线路优化后的方案工期为 25.1d。

(2) 延隔时间优化。延隔时间优化后的总工期为 25.06d。

在完成资源配置和延隔时间优化后的项目，单个任务持续时间的变化可能会引起决定项目工期的关键任务的变化，重新确定优化后的关键任务，用网络图表示图 3.28 所示红色框图内标识号对应的任务。

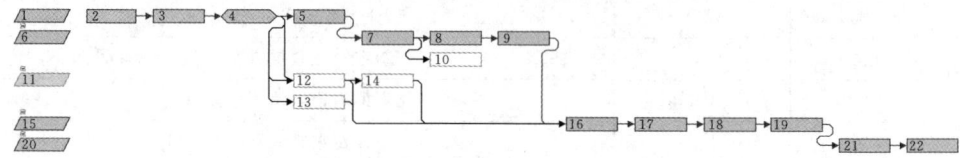

图 3.28　渠道边坡滑塌应急救援方案（优化）关键任务

4. 动态跟踪优化

(1) 动态跟踪。动态跟踪主要对象是控制方案关键线路工期，进度跟踪通过对比实际完成进度与计划进度比对，重点关注滞后任务，尤其是滞后的关键任务。如图 3.29 所示，"运输砂石料"由于工作延误已经成为关键线路并导致方案完成时间滞后，需要进行控制。

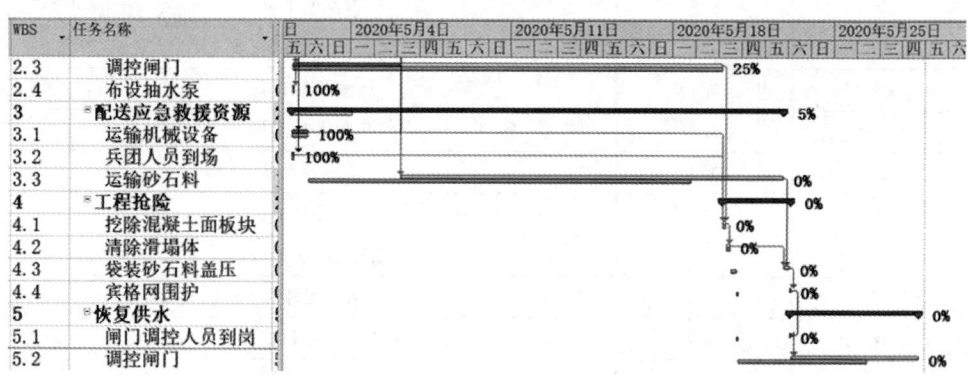

图 3.29　渠道边坡滑塌应急救援方案跟踪甘特图

(2) 动态优化。计划方案中"运输砂石料"任务的工时资源配置为"自卸汽车 [300%]，挖掘机 [200%]"，尚有闲置资源，通过尝试增加工时资源量使该项任务实现工期控制，以最少的资源达到工期控制目标，经过尝试多种方案，优选方案"增加1辆自卸汽车"。方案优化后结果如图 3.30 所示，可以实现计划工期控制。

提取方案实施过程中的所有计划修改结果，分析方案实施过程中较容易工期滞后的重点关注内容，为日后同类型方案实施提供重点控制方向，图 3.31 中的砂石料运输任务滞后，作为控制重点工作。

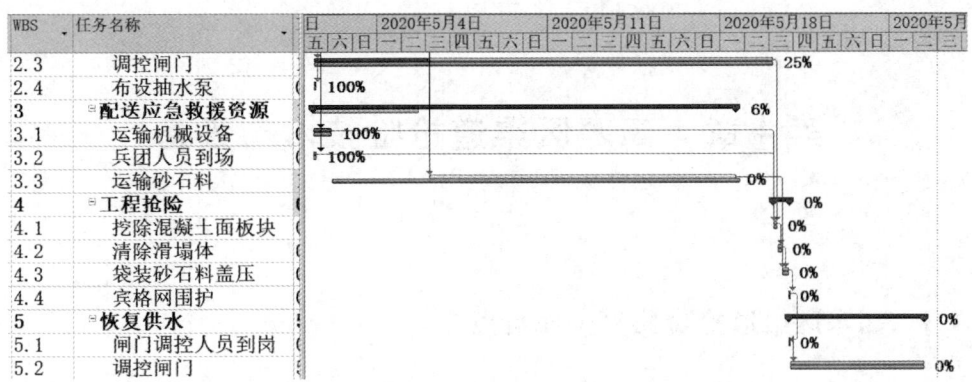

图 3.30 渠道边坡滑塌应急救援方案动态优化甘特图

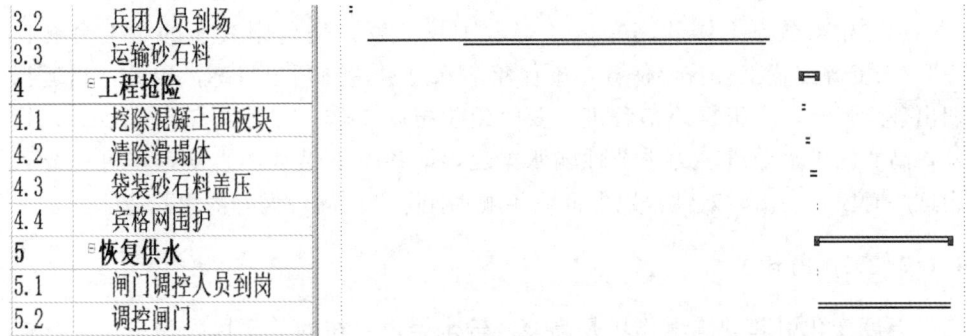

图 3.31 渠道边坡滑塌应急救援方案多比较基准图

5. 方案保存

应急救援工作开展过程中，项目管理不同任务资源配置、工期、逻辑关系和重叠关系等较多影响项目工期的因素需要以工程实际经验依据，才能进行高效优化，保存应急救援方案文件丰富工程管理过程中的渠道边坡滑塌的应急救援方案库，对工程管理大有裨益。

## 3.4 本章小结

本章主要介绍了高寒区供水渠道风险分析及识别以及典型突发险情。通过对高寒区供水渠道的风险分析，建立一种基于关联矩阵的风险因子与事件分析模型，利用风险事件关联机理和风险评估，并将其应用到北疆供水工程上，分析易对工程安全运行产生影响的风险因子，及工程运行期间易发生的风险事件，可为渠道风险防范和管理提供依据。

对突发险情进行了分类，并对突发水污染为例进行了模拟，通过模型模拟结果为应急调度提供支撑。

# 第4章 高寒区渠道抢险技术与设备

## 4.1 高寒区渠道抢险修复工作特点

### 4.1.1 工作要求

以输水渠道为主体的高寒区水资源配置工程，是名副其实的"生命线工程"。水资源配置工程首要任务是确保年输水总量达到预定目标，因此，当运行期出现险情时，应根据险情程度，及时组织抢险工作，保障当年输水目标；另外，高寒区供水渠道多为季节性输水渠道，即冬季不供水，修复工作可充分利用这一时段，突出时效性，以保证翌年输水任务；同时，做好隐患排查工作。

### 4.1.2 工作内容

温度变化引起的冻融作用是高寒区输水渠道存在的首要风险隐患。运行初期，冻融作用产生的冻胀、融沉破坏、鼓胀、裂缝等，多为局部破坏，这类破坏大多发生在冬、春两季，以破坏修复为主。然而，随着运行时间的增加，断面发生滑坡、坍塌、渗透等大面积、大范围的破坏的概率将大大增加。以北疆供水工程为例，据有关部门统计，2014年前工程每年发生病害的面积小于等于 $6000m^2$，但 2015 年当年增加 1.2 万 $m^2$，2016 年达到了 2 万 $m^2$；2014 年全年滑坡破坏发生段总长为 1.35km，多为新滑坡，破坏时间多在秋、春两季。截至 2017 年年底，总干渠已累计滑坡 28.5km。

高寒区渠道的大面积破坏现象，根本上是由渠基土劣化造成的，但其成因具有复杂性和长期性。在边界条件方面，高寒区渠道的渠基除受气温变化作用外，由于这些渠道多为冬季不输水渠道，渠基每年还将经历反复通水-停水作用，这使得渠基往往呈现出"湿-干-冻-融"耦合作用的特点。例如，北疆供水工程总干渠，每年 4 月下旬通水，9 月中旬停水。渠道通水期间，渠水入渗（渠道渗透现象通常不可避免），渠道处于湿润状态；停水期间，渠身内的水回渗，渠道处于变干的非饱和状态；而冬季气温降为负温后，渠基土会长期处于冻结状态；春天来临，气温升高，渠基土处于融化状态。年复一年，由此构成了作用在渠基上的反复"湿-干-冻-融"耦合循环边界。在渠基土工程特性方面，近期研究表明，反复"湿-干-冻-融"耦合作用下，渠基将产生劣化效应[10]，特别是不良地质渠基，如膨胀土等，劣化效应显著[11-12]。

此外，我国少数兼有供水发电和向下游供水功能的渠道，在负温期间通水时，渠道里的水体常常会结冰，产生冰冻破坏。渠道水完全封闭后，冰冻层逐渐加厚，对渠道衬砌体产生冰压力，造成衬砌体的位移和破坏或在冰压力和渠基土冻胀力的作用下鼓胀，发生破坏变形。同时，漂浮的冰块或冰屑团会在局部积累，减少过水断面，严重时使断面完全封闭，形成冰坝，造成渠水漫溢，甚至溃渠的事故。

从高寒区渠道风险类型及破坏形式来看，高寒区渠道的抢险修复不仅需要处理冻胀、水胀、裂缝等局部破坏，还需要时刻保持警惕，及时应对滑坡、冰冻、坍塌、渗透等整体破坏。因此，高寒区渠道抢险工作应围绕局部破坏和整体破坏开展。

### 4.1.3 工作难点

高寒区渠道抢险工作存在以下难点：

（1）渠道线路长。高寒区渠道大多位于北方无人区，绵延上百里，抢险修复作业组织协调难度较大，大型机械设备进场困难；同时，由于各站管理覆盖范围有限，导致各类险情无法第一时间发觉。

（2）环境条件恶劣。低温等极端环境下进行抢险修复作业时，需要考虑修复材料浆液的耐寒、耐盐适用性，以及修复设备的在低温环境下的性能。另外，高寒区渠道穿越茫茫戈壁、雪原，需要相关人员具备较强的业务素质和心理素质，才能保证抢险修复工作的效率。

（3）存在长期风险。由于"湿-干-冻-融"循环耦合作用对渠基的复杂、长期的劣化效应，即便对高寒区渠道的滑坡、坍塌、渗透等破坏断面进行抢险修复后，也不能保证今后该断面险情不再出现。

## 4.2 高寒区渠道抢险及修复技术

从风险类型和破坏形式出发，围绕高寒区渠道抢险修复工作要求，突破技术难点，依托我国北方寒区某大型供水工程渠道抢险修复工程，稳步技术革新，开展了高寒区渠道抢险及修复技术研究。

### 4.2.1 高寒区渠道整体修复技术

一般来说，大面积滑坡造成的险情事故影响较大。在抢险技术方面，高寒区渠道运行期多在非冬季，因此抢险处置技术可以借鉴和沿用当前较为成熟、适用的成果。高寒区渠道滑坡抢险及修复的技术难点主要在停水期的修复（断面恢复）技术方面。渠道冬季修复工作往往工期紧,任务重。常规施工方法,如立模、拉模施工等,施工速度较慢,不能大范围连续作业,而且作业面投入的人员相对较多,不利于防渗膜和保温板的保护。因此,抢险修复技术选型时,应在保证作业效率的基础上,结合高寒区渠道抢险修复工作要求,充分考虑工作协调性和经济性。

理论上,衬砌修复作业与衬砌施工作业流程是类似的。同时,机械化技术在效率和经济性方面也大有优势。因此,设想如能利用冬季不供水期间对渠道断面进行机械化修复作业,将大幅提高渠道运行保障能力。沿着这一思路,形成了高寒区渠道整体修复技术。

高寒区渠道整体修复技术由修复设备和工艺组成。修复设备包括自行研发的移动式翻斗提升机和下运皮带机。移动式翻斗提升机由翻斗、主机架、滑道、卷扬部件等组成。翻斗本体上设有与主机架滑道配合的两个行走轮组;翻斗滑道包括与所述主机架滑道位于同一平面上的两条相交滑道Ⅰ和滑道Ⅱ,滑道Ⅰ的有效长度与两滑道外端点之间的间距长度均等于所述两行走轮组之间的间距;卷扬部件包括钢丝绳、导向滑轮和卷筒,钢丝绳一端先与所述翻斗本体连接、再穿过所述导向滑轮后至所述卷筒,卷筒在卷扬电机带动下转动,当其逆时针转动时,可收紧钢丝绳。移动式翻斗提升机基本构造如图 4.1 所示。

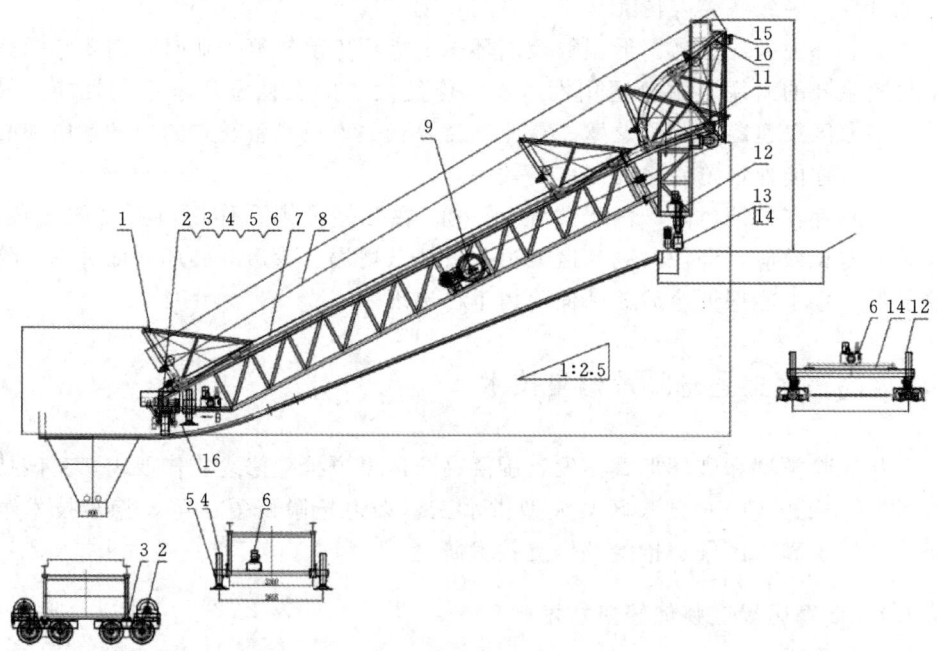

图 4.1 移动式翻斗提升机基本构造
1—翻斗;2—胶轮行走装置;3—胶轮联接装置;4—油缸;5—升降横梁;6—液压站;7—下段机架;8—钢丝绳;9—卷扬牵引装置;10—导向滑轮组;11—翻斗机构;12—油缸;13—钢构车轮组;14—渠肩横梁;15—头部缓冲装置;16—渠底升降装置垫板

该设备可将渠底带采出的岩土等向上提升至一定高度后，借助翻斗的自动翻转将岩土等直接倾倒在自卸汽车的车斗上。为实现主机架 1 横向移动的目的，在主机架 1 的两端设有一行走部件，行走部件既可采用现有技术中的轨道、行走轮式行走部件，也可采用履带式行走部件替代。履带式行走部件包括履带电机，主动履带轮在履带电机带动下转动，并通过履带带动从动履带轮的转动，进而实现整机行走。履带式行走部件不仅不需要铺设滑轨，还可有效降低横向移动时的冲击和振动，降低施工中的噪声。

使用步骤如下：

（1）将渠底待弃岩土装至翻斗车内。

（2）逆向旋转的卷筒收紧钢丝绳，钢丝绳带动翻斗沿着主机架滑道逐渐上升。

（3）待运行至翻斗滑道处时，翻斗的行走轮组Ⅰ先沿滑道Ⅰ运行至滑道Ⅰ的右端点处，此时行走轮组Ⅱ位于两滑道交点。

（4）卷筒继续旋转，在钢丝绳带动下，行走轮组Ⅱ沿着滑道Ⅱ继续上行，而行走轮组Ⅰ保持不动，由此可使翻斗本体开始偏转，当翻斗本体偏转角度足够大，翻斗翻转，其内容物自卸至位于其下的自卸汽车上，一次输送过程完成。

下运皮带机（图 4.2）由上部机（桁）架、皮带、走车轮组、驱动装置等

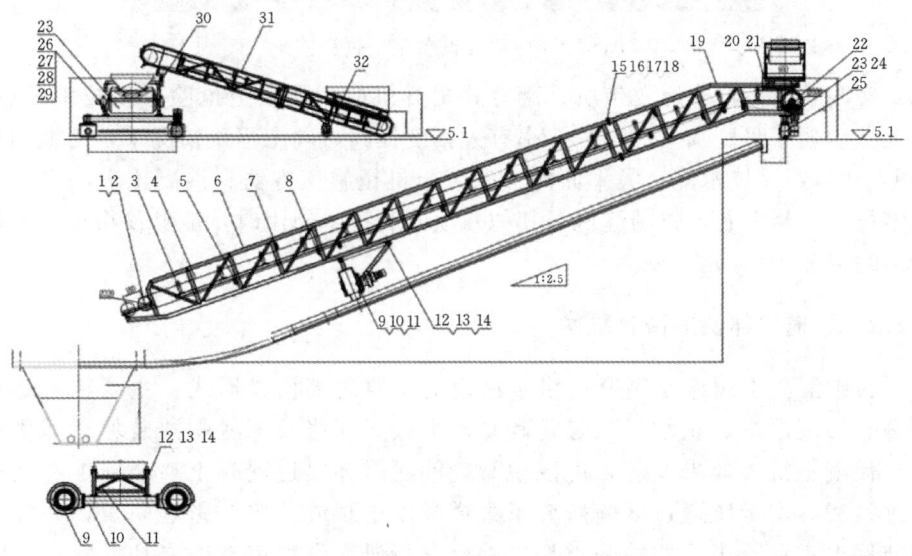

图 4.2 下运皮带机

1—驱动滚筒；2—弹簧清扫器；3—槽形托辊；4—凸花纹人工输送带；5—平行下托辊；6—上部机架；7—平行上托辊；8—空段清扫器；9—橡胶车轮组；10—橡胶车轮组构件；11—橡胶车轮支腿；12—托架斜撑；13—托架横撑；14—托架构件；15—缓冲托辊；16—挡辊；17—上挡带辊组；18—下挡带辊组；19—机架；20—接料板；21—接料板架；22—螺旋拉紧装置；23—导料槽；24—电动滚筒；25—钢制车轮组；26—改向滚筒；27—导料槽支架；28—导料板；29—上部机架构件；30—上料带支架；31—输送带；32—钢制车轮组

组成,可用于在断面恢复作业时,向作业面输送混凝土、砂浆等,输送带线速度可达 1.25m/s。该皮带机构造合理,工作不受气候、环境变化制约,可将混凝土料运输至大型施工机械不宜作业的区域,提升了布料效率。

所研发的翻斗式提升机、下运皮带机具有装运便利、适应性广、运送效率高的优点,能满足大型渠道的改造和新建的机械化施工要求。2019 年秋季,北疆供水渠道总干渠某渠段发生大规模垮塌险情,需全断面恢复。当年冬季,项目团队联合有关部门在恢复作业期间使用了自主研发的下运皮带机、翻斗式提升机。施工过程如图 4.3 所示。

图 4.3　所研发设备施工过程图

实践表明,将下运皮带机、翻斗式提升机应用在渠道抢险修复技术中后,工人劳动强度明显减少,工程效率有大幅度提高,同工程量情况下,工期缩短 12d。此外,该技术配合大平面薄层混凝土机械施工方法、混凝土表面多功能成型机、混凝土嵌入式制缝机等其他几项专利技术使用时,能够使渠道恢复作业节约资金 45 万元/km。

### 4.2.2　渠道局部快速修复技术

衬砌混凝土裂缝是高寒区供水渠道的主要局部损毁形式。主要特点是裂缝多、渗漏严重、止水材料老化和止水失效、冻胀及冻融剥蚀破坏、环境侵蚀、混凝土抗渗效果差等,可以说裂缝问题贯穿渠道混凝土整个施工和运行管理过程。本专题通过试验研究了渠道混凝土裂缝的主要影响因素,并针对高寒区渠道混凝土主要缺陷类型,综合分析研究了渠道裂缝修补材料、方法和工艺。

#### 4.2.2.1　快速修复材料研制

聚合物水泥砂浆是将分散于水中或溶于水中的聚合物掺入普通水泥砂浆中配制而成,以水泥水化物和聚合物两者作为胶结材料。该材料具有高黏结、高抗渗、高抗冻、高抗氯离子渗透性能,作为混凝土表面护面及修补材料被广泛应用于建筑物的防腐加固工程。目前被广泛应用于桥面板修补工作,日本更是将此种材料作为住宅、仓库、办公室等地板铺面材料,以及公路、铁路等工程的路面材料。丙烯酸酯共聚乳液、环氧树脂和氯丁胶乳砂浆等聚合物水泥砂浆在工程上均有应用。丙烯酸酯乳液或改性丙烯酸酯乳液是近20多年来树脂砂浆中使用最多的树脂乳液。但目前的丙烯酸树脂水泥砂浆性能还存在很多不足,如与旧混凝土的热膨胀系数不同,界面结合力低时容易脱落、开裂和空鼓。为此,有必要开展聚合物水泥砂浆改性工作,研制一种具有适度弹性的树脂乳液配制的砂浆,以解决热胀系数不一致的缺点,同时可提高抗压强度和黏接强度等物理力学性能。

#### 4.2.2.2 改性树脂乳液合成

为提高树脂乳液砂浆的弹性,需要对丙烯酸酯树脂乳液进行改性。通过配方筛选、合成工艺试验、合成样品质量检验以及掺改性树脂乳液砂浆的性能试验,最终得到符合要求的改性树脂乳液配方。乳液聚合大多采用传统乳液聚合的方法进行,随着对乳液聚合研究深入,聚合技术在不断地更新,被科研工作者们看好的是核壳乳液聚合和无皂乳液聚合。本专题研究采用如下3种方法进行聚合。

(1)传统乳液聚合。传统乳液聚合是由单体、引发剂、乳化剂和水组成的反应,分为间歇乳液聚合和连续乳液聚合。连续乳液聚合有单釜连续反应器和多釜连续反应器的反应形式。采用传统乳液聚合按照四步进行,第一步开展了软硬单体5组不同比例对乳液性能的影响研究,结果表明软单体的比例高、成膜软、比例小、膜脆,从膜的性能看软硬单体比例为1.77时合适,但水泥缓凝严重,说明软单体组成和硬单体组成仍然需要调整;第二步开展了7组配方调整对水泥乳液净浆性能的影响分析,在乳液合成出来后以乳液(50g)与水泥(100g)的量拌和,表面泌乳、水泥净浆强度、水泥乳液分散性能均定性描述,进行配方调整,凝结时间从7d缩短到1d和2d,结果表明表面泌乳现象、水泥强度和乳液水泥的分散性均有提高和改善;第三步进行乳化剂试验筛选,分别选择以非离子乳化剂和阴离子乳化剂联合作用,选择了F1(OP乳化剂)、F2(Disponil,AFX 4030)和F3(吐温80)3种非离子乳化剂和Y1(Disponil FES27)、Y2(十二烷基硫酸钠)两种阴离子乳化剂,最后选择出乳化剂的配合都可以得到稳定均匀的乳液;第四步是消泡剂试验筛选,试验发现,消泡效果与乳化剂的种类关系密切,乳化剂不同,消泡剂消泡效果有变化,优选出对乳液适应性强的消泡剂,以及消泡效果和抑泡效果良好的乳液配方。

(2)核壳乳液聚合。控制聚合反应的条件,采用种子乳液聚合法可以制备形态结构各异的乳胶粒。由于种子乳液聚合常常得到具有核壳结构乳胶粒的聚合物乳液,所以也常将种子乳液聚合称为"核壳乳液聚合"。即使在相同原料组成的情况下，具有核壳结构乳胶粒的聚合物乳液也往往比一般聚合物乳液具有更优异的性能。核壳乳液聚合就是核和壳可以通过单体组成的改变形成硬核软壳或软核硬壳结构的乳液。试验采用先合成种子乳液，即核乳液，然后将种子乳液作为预乳液，加入壳乳液的各组分合成核壳乳液；然后连续反应，即先按核乳液的组成合成核，待核单体反应结束后，原反应条件下加入壳单体，进行聚合，最终得到核壳乳液。每种工艺均需要进行单体、乳化剂、消泡剂、温度、滴加时间等条件的试验筛选，经过许多配方的调整，通过不同乳化剂用量和核乳液对配方调整的影响，可以得到蓝相明显、泡沫不多和没有颗粒的乳液，膜的性能（软、硬）则由壳乳液的单体组成决定。

（3）无皂乳液聚合。在传统的乳液聚合中都要加入乳化剂，以使体系稳定和成核。而乳化剂会被带入到最终产品中，尽管可以通过水洗等工艺过程将其除去，但很难除净。乳化剂会影响乳液聚合物的电性能、光学性质、表面性质及耐水性等，使其应用受到限制。同时乳化剂通常价格昂贵，加入乳化剂会增加产品成本。为了克服由于加入乳化剂而带来的弊端，开发了无皂乳液聚合技术。无皂乳液聚合是指在反应过程中完全不加乳化剂或仅加入微量乳化剂（其浓度小于临界胶束浓度CMC）的乳液聚合过程。无皂乳液的合成工艺是采用活性乳化剂逐步替代非活性乳化剂，调整单体的种类和比例，以得到合适的树脂乳液。配方组成与乳化剂种类和用量互相关联，在配方组成不同的情况下，要得到均匀、蓝相的乳液，乳化剂的种类和用量也必须做出相应的调整和筛选。

### 4.2.2.3 乳液稳定性能试验

乳液机械稳定性是指乳液在经受机械操作时的稳定性。在乳液制备过程中，要经泵送、搅拌及涂装时的喷涂等操作，因此乳液要经受得住机械操作。经过试验，在不同搅拌速度下，一直到转速 4000r/min，乳液均稳定。说明乳液的机械稳定性好。

稀释稳定性是检验不同浓度下乳液的乳化剂是否仍然具有较好的乳化效果。按照稀释稳定性试验方法，乳液稀释后 24h 和 48h 后观察，乳液无分层、分水和沉淀发生，未出现破乳现象，说明乳液具备稀释稳定性。

冻融稳定性即是指乳液经受冻结和融化交替变化时的稳定性。由于乳液体系主要由单体、水、乳化剂及溶于水的引发剂等基本组分组成，其中有一半组成是水，乳液及由其配制的涂料在很多情况下要被暴露于冻结的条件下，当聚合物乳液遇到低温条件时会发生冻结。冻结和融化会影响乳液的稳定性，轻则造成乳液表观黏度上升，重则造成乳液的凝聚。经过恒温（$-5\pm2℃$）的低温冰箱中连续冷冻 18h 取出，再在（$23\pm2℃$）常温解冻条件下放置 6h，如此反复循环 3 次后，乳液已经破乳絮凝，说明乳液在低温下不具备储存稳定性，需要在0℃以上的温度下储存。

化学稳定性是指乳液对添加的化学药品的稳定性。对分散液具有很大破坏力的化学药品大都是水溶性的，可分为电解质和非电解质两类，前者一般是无机盐类，后者一般是极性有机化合物。在实用上多数是指添加电解质的稳定性问题，因此从狭义上来说化学稳定性是指电解质稳定性。

## 4.3 修复材料特性研究

### 4.3.1 聚合物树脂乳液水泥砂浆性能研究

#### 4.3.1.1 配方调整对树脂乳液砂浆性能的影响分析

砂浆成型按照前述试验方法进行，聚灰比为1∶10，灰砂比为1.2，根据乳液的减水率调整水灰比，根据砂浆物理性能的情况，再进行单体和乳化剂等材料的配方调整。

（1）配方调整对树脂乳液砂浆减水率的影响。表4.1为几种不同配方的砂浆性能，并与市售的乳液（乳液编号NG）对比。表明R055在高水灰比0.48下，砂浆都不能很好地拌和，无法成型，比没加乳液的空白水灰比都大，说明乳液加入不但没有起到减水作用，相反还吸水。R056水灰比为0.40时，砂浆物理性能比水灰比为0.45的空白砂浆性能差。说明在低水灰比高流动度的情况，减水率高，同时其物理性能也不同程度提高。

表 4.1  配方调整对树脂乳液砂浆减水率影响

| 试件编号 | 乳液编号 | 水灰比 | 跳桌流动度/mm | 抗压强度/MPa | | 抗折强度/MPa | | 抗拉强度/MPa |
| --- | --- | --- | --- | --- | --- | --- | --- | --- |
| | | | | 14d | 28d | 14d | 28d | 28d |
| XB-0 | 空白 | 0.45 | 235 | 47.0 | 56.9 | 8.7 | 10.7 | 4.54 |
| XB-01 | R055 | 0.48 | 干 | 未成型 | | | | |
| XB-02 | R056 | 0.40 | 188 | 21.5 | 30.8 | 6.9 | 8.8 | 3.92 |
| XB-03 | R057 | 0.35 | 158 | 41.0 | 47.0 | 7.6 | 12.3 | 5.96 |
| XB-04 | R058 | 0.33 | 210 | 47.2 | 44.2 | 7.7 | 14.1 | 6.10 |
| XB-05 | R059 | 0.32 | 150 | 52.7 | 58.0 | 9.4 | 14.7 | 7.55 |
| XB-06 | R060 | 0.30 | 198 | 36.3 | 40.0 | 10.3 | 14.4 | 6.76 |
| XB-07 | R061 | 0.28 | 195 | 32.5 | 40.0 | 8.3 | 14.2 | 7.10 |
| XB-08 | R062 | 0.27 | 202 | 45.4 | 53.4 | 8.1 | 13.4 | 6.96 |
| XB-09 | NG | 0.30 | 177 | 40.4 | 50.6 | 10.3 | 13.8 | 6.43 |

(2) 配方调整对树脂乳液砂浆强度的影响。表 4.2 是以水灰比 0.30 配制的砂浆成型后的配方调整对砂浆强度的影响试验结果。分析表明 28d 抗压强度从 20.8MPa 到 65.0MPa，28d 抗折强度从 6.8MPa 到 14.7MPa，28d 抗拉强度从 2.82MPa 到 7.55MPa。28d 压折比为 2.79～4.51，综合性能较好的压折比为 3.5～4.5。

表 4.2　　配方调整对树脂乳液砂浆强度的影响

| 编号 | 品种 | 跳桌流动度/mm | 压折比 28d | 抗压强度/MPa | | 抗折强度/MPa | | 抗拉强度/MPa | |
|---|---|---|---|---|---|---|---|---|---|
| | | | | 7d | 28d | 7d | 28d | 7d | 28d |
| XB-0 | 空白 | 23.5 | 5.32 | 40.0 | 56.9 | 8.5 | 10.7 | 3.72 | 4.54 |
| XB-10 | R063 | 183 | 3.06 | 3.8 | 20.8 | 1.0 | 6.8 | 0.89 | 2.82 |
| XB-11 | R064 | 198 | 2.79 | 20.9 | 40.2 | 6.4 | 14.4 | 2.86 | 6.76 |
| XB-12 | R065 | 169 | 3.28 | 21.7 | 36.1 | 7.1 | 11.0 | 2.70 | 4.94 |
| XB-13 | R066 | 167 | 3.20 | 19.2 | 32.6 | 5.4 | 10.2 | 2.88 | 4.31 |
| XB-14 | R067 | 170 | 3.29 | 33.9 | 44.4 | 8.2 | 13.5 | 3.10 | 5.79 |
| XB-15 | R068 | 210 | 3.13 | 30.9 | 44.2 | 7.9 | 14.1 | 3.51 | 6.10 |
| XB-16 | R069 | 195 | 2.82 | 23.7 | 40.0 | 6.6 | 14.2 | 3.09 | 7.10 |
| XB-17 | R070 | 188 | 4.47 | 41.8 | 55.4 | 8.1 | 12.4 | 3.21 | 6.84 |
| XB-18 | R071 | 150 | 3.95 | 45.7 | 58.0 | 10.0 | 14.7 | 4.16 | 7.55 |
| XB-19 | R072 | 171 | 4.51 | 44.7 | 65.0 | 8.7 | 14.4 | 3.79 | 6.37 |
| XB-20 | R073 | 167 | 4.46 | 55.0 | 60.7 | 8.8 | 13.6 | 3.51 | 6.25 |
| XB-21 | NG | 180 | 3.50 | 33.0 | 50.8 | 8.7 | 14.5 | 3.10 | 6.60 |

(3) 配方调整对树脂乳液砂浆黏结强度影响。经过配方的调整，测定黏结强度的结果见表 4.3。表明配方调整后 28d 黏结强度由 2.43MPa 可提高至 4.61MPa。说明调整有效，满足相关要求。

表 4.3　　配方调整对树脂乳液砂浆黏结强度影响

| 编号 | 品种 | 水灰比 | 跳桌流动度/mm | 28d 黏结强度/MPa |
|---|---|---|---|---|
| XB-0 | 空白 | 0.45 | 235 | 2.13 |
| XB-22 | R074 | 0.32 | 150 | 2.43 |
| XB-23 | R075 | 0.27 | 200 | 2.60 |

续表

| 编号 | 品种 | 水灰比 | 跳桌流动度/mm | 28d黏结强度/MPa |
|---|---|---|---|---|
| XB-24 | R076 | 0.32 | 171 | 3.53 |
| XB-25 | R077 | 0.28 | 195 | 4.61 |
| XB-26 | NG | 0.29 | 199 | 3.20 |

（4）配方调整对树脂乳液砂浆吸水率影响。配方调整后的砂浆吸水率试验结果见表4.4，表中3h的吸水率除了R081外基本都小于1%，但随着时间的延长，吸水率增大。不同配方吸水率有较大差异。且空白砂浆试块初始吸水率就很高，48h后趋向饱和，R081吸水率较高，R078吸水率最低。

表4.4　　　　　　　改性树脂乳液砂浆吸水率　　　　　　　　　　%

| 编号 | 品种 | 吸水率 | | | | |
|---|---|---|---|---|---|---|
| | | 3h | 1d | 2d | 14d | 28d |
| XB-0 | 空白 | 5.37 | 7.74 | 7.92 | 8.34 | 8.47 |
| XB-27 | R078 | 0.35 | 0.6 | 0.68 | 1.23 | 1.62 |
| XB-28 | R079 | 0.51 | 0.98 | 1.15 | 1.90 | 2.41 |
| XB-29 | R080 | 0.73 | 1.31 | 1.54 | 2.67 | 3.55 |
| XB-30 | R081 | 2.21 | 3.58 | 3.96 | 5.05 | 5.67 |
| XB-31 | NG | 0.49 | 0.91 | 1.12 | 1.87 | 2.40 |

#### 4.3.1.2　树脂乳液砂浆的抗氯离子渗透性能

按照DL/T 5126和SL 352中的试验方法进行试验，试验选择了2种较优配方掺入砂浆中，试验结果见表4.5，结果表明，改性树脂乳液砂浆抗氯离子渗透性能优良。

表4.5　　　　氯离子渗透深度和氯离子扩散系数试验

| 试件编号 | 改性树脂乳液 | | 水灰比 | 浸泡2.5%NaCl溶液中的28d氯离子渗透深度/mm | 氯离子扩散系数 $\times 10^{-12}/(m^2/s)$ |
|---|---|---|---|---|---|
| | 乳液编号 | 固形物掺量/% | | | |
| XB-0 | — | — | 0.45 | 6.2 | 8.46 |
| XB-32 | R083 | 10 | 0.256 | 1.8 | 1.57 |
| XB-33 | NG | 10 | 0.261 | 2.5 | 2.31 |

注　氯离子渗透深度试验方法按《聚合物改性水泥砂浆试验》DL/T 5126—2001进行；氯离子扩散系数按《水工混凝土试验规程》（SL 352—2006）中RCM法进行。

#### 4.3.1.3 树脂乳液砂浆的抗硫酸盐侵蚀性能

从上述选取几个较好的配方进行改性树脂砂浆的抗硫酸盐性能的试验,试验按 GB/T 749—2008《水泥抗硫酸盐侵蚀试验方法》进行。试验结果见表 4.6。结果表明改性树脂乳液砂浆的抗硫酸盐侵蚀系数均大于空白普通砂浆,说明其具备抗硫酸盐侵蚀的性能。

表 4.6 抗硫酸盐侵蚀性能

| 编号 | 改性树脂乳液 | | 水灰比 | 28d 抗折强度/MPa | | 抗蚀系数 $k$ |
|---|---|---|---|---|---|---|
| | 乳液编号 | 固形物掺量/% | | 浸泡 3% 硫酸钠溶液 | 浸泡蒸馏水 | |
| XB-0 | — | — | 0.450 | 12.5 | 11.7 | 1.07 |
| XB-34 | R083 | 10 | 0.256 | 15.7 | 14.0 | 1.12 |
| XB-35 | NG | 10 | 0.261 | 15.4 | 12.6 | 1.22 |

测试了改性树脂乳液砂浆在 5% 硫酸钠溶液干湿交替作用下的砂浆抗压强度耐蚀性能,试验按 GB/T 50082—2009《普通混凝土长期性能和耐久性能试验方法标准》标准进行,试验结果见表 4.7。可知,普通砂浆经 150 个干湿交替循环后,耐蚀系数 $K_f$ 下降到 85%,即砂浆抗压强度下降了 15%,此时砂浆表面开始出现细裂缝。树脂乳液砂浆经 150 个干湿交替循环后,耐蚀系数 $K_f$ 为 139%,砂浆表面完好,树脂乳液砂浆抗硫酸盐腐蚀性能良好。

表 4.7 50% 硫酸钠溶液干湿交替作用下的耐蚀系数

| 编号 | 改性树脂乳液 | | 循环数 | 抗压强度/MPa | | 耐蚀系数 $K_f$ |
|---|---|---|---|---|---|---|
| | 乳液编号 | 固形物掺量/% | | 标养① | 浸烘 | |
| XB-0 | — | — | 0 | 43.8 | — | — |
| | | | 50 | 44.7 | 45.7 | 102 |
| | | | 75 | 49.5 | 45.6 | 92 |
| | | | 100 | 49.0 | 44.2 | 90 |
| | | | 125 | 50.7 | 44.8 | 88 |
| | | | 150 | 48.0 | 40.6 | 85 |
| XB-36 | R083 | 10 | 0 | 34.8 | — | — |
| | | | 50 | 34.3 | 42.7 | 124 |
| | | | 75 | 36.1 | 45.3 | 125 |
| | | | 100 | 34.0 | 47.6 | 140 |
| | | | 125 | 34.6 | 49.0 | 142 |
| | | | 150 | 34.6 | 48.0 | 139 |

① 标养为与受硫酸盐腐蚀试件同龄期的标准养护的一组对比试件的抗压强度测定值。

#### 4.3.1.4 树脂乳液砂浆的收缩率

选择2种乳液进行乳液水泥砂浆收缩率试验，试验方法按DL/T 5126—2001《聚合物改性水泥砂浆试验规程》进行，结果见表4.8。表中显示空白砂浆收缩最大，改性乳液砂浆明显减小了收缩，XB-38试验结果有微小膨胀，57d才开始收缩，说明改性树脂乳液砂浆明显降低了砂浆收缩率。

表4.8 改性树脂乳液水泥砂浆的收缩率试验

| 试件编号 | 改性树脂乳液 | | 水灰比 | 收缩率/×10$^{-4}$ | | | | | |
|---|---|---|---|---|---|---|---|---|---|
| | 乳液编号 | 固形物掺量/% | | 5d | 8d | 12d | 26d | 33d | 57d |
| XB-0 | — | — | 0.450 | -3.23 | 0.82 | 4.72 | 7.11 | 7.44 | 7.91 |
| XB-37 | R083 | 10 | 0.256 | -6.43 | -4.21 | -1.21 | -0.32 | -0.25 | 1.16 |
| XB-38 | NG | 10 | 0.261 | -5.80 | -3.26 | -0.70 | 0.15 | 0.32 | 1.39 |

#### 4.3.1.5 树脂乳液砂浆的耐久性能

（1）抗渗和抗碳化性能。碳化试验按DL/T 5126—2001《聚合物改性水泥砂浆试验规程》标准进行，结果见表4.9。表明改性树脂乳液砂浆抗渗性能和抗碳化性能明显提高。

表4.9 改性树脂乳液砂浆抗渗及抗碳化性能

| 试件编号 | 乳液编号 | 聚灰比 | 灰砂比 | 水灰比 | 渗水高度①/mm | 碳化深度②/mm | | | |
|---|---|---|---|---|---|---|---|---|---|
| | | | | | | 3d | 7d | 14d | 28d |
| XB-0 | — | — | 1:2 | 0.45 | 7.5 | 19.5 | 21.9 | 22.9 | 23.3 |
| XB-39 | R083 | 1:10 | 1:2 | 0.266 | 1.2 | 1.0 | 1.2 | 1.2 | 1.2 |
| XB-40 | NG | 1:10 | 1:2 | 0.282 | 1.0 | 1.0 | 1.1 | 1.3 | 1.4 |

① 抗渗采用一次加压至1.5MPa，加压时间为恒压24h，劈开测量渗水高度。
② 砂浆碳化试验按DL/T 5126—2001《聚合物改性水泥砂浆试验规程》聚合物改性水泥砂浆试验规程进行。

（2）抗冻融循环性能。冻融试验是检验改性树脂乳液砂浆耐高低温循环性能的方法。表4.10为改性树脂乳液砂浆的抗冻融性能的试验结果。抗冻试验表明，普通砂浆冻融循环至100次，重量损失高达18%，抗冻等级为F50，树脂乳液砂浆经300次冻融循环后，重量几乎不损失，抗冻等级大于F300。

表4.10 改性树脂乳液砂浆的抗冻融试验结果 %

| 试件编号 | 乳液编号 | 质量损失率 | | | | 相对动弹性模量 | | | |
|---|---|---|---|---|---|---|---|---|---|
| | | 50次 | 100次 | 200次 | 300次 | 50次 | 100次 | 200次 | 300次 |
| XB-0 | — | 3.8 | 17.9 | — | — | 72 | — | — | — |
| XB-41 | R083 | 0 | 0 | 0 | 0 | 95 | 86 | 76 | 74 |
| XB-42 | NG | 0 | 0.3 | 0.4 | 0.8 | 99 | 87 | 85 | 77 |

### 4.3.2 聚合物树脂乳液材料性能

按照试验优选配方，经过工艺试验，调整反应温度、滴加速度和反应时间，最终试验得到合格产品。改性树脂乳液的产品性能见表4.11。

表4.11　改性树脂乳液的产品性能指标

| 项　目 | 指　标 | 项　目 | 指　标 |
|---|---|---|---|
| 外观 | 蓝白色 | pH值 | 5.5 |
| 固含量/% | 40 | 凝聚浓度（$CaCl_2$）/% | 5.0 |
| 黏度 | 13s | | |

改性树脂乳液砂浆的性能检测结果列于表4.12。

表4.12　改性树脂乳液砂浆的性能指标

| 序号 | 项　目 | 指　标 |
|---|---|---|
| 1 | 抗压强度（28d）/MPa | 61.0 |
| 2 | 抗拉强度（28d）/MPa | 5.15 |
| 3 | 抗折强度（28d）/MPa | 12.1 |
| 4 | 黏结强度（28d）/MPa | 4.14 |
| 5 | 渗水高度[①]/mm | 1.2 |
| 6 | 快速碳化深度（3d）/mm | 1.0 |
| 7 | 氯离子渗透深度/mm | 1.8 |
| 8 | 吸水率（1d）/% | 0.6 |
| 9 | 抗冻性（-15~+20℃，300循环） | 无开裂、剥落，>F300 |
| 10 | 抗硫酸盐侵蚀（3% $Na_2SO_4$ 溶液）28d | 抗蚀系数1.12 |

① 一次加压至1.5MPa，加压时间为恒压24h。

研制的新型聚合物改性树脂乳液砂浆不但综合性能优越，而且因其成本低、施工方便、环保无毒性而在许多工程中成功地作为一种新型修补、防渗、防腐、防冻材料加以应用。

### 4.3.3 改性树脂乳液砂浆配制及施工技术要求

根据乳液特性和使用情况，研究制订了改性树脂乳液砂浆配制及施工技术要求如下：

（1）使用42.5以上级硅酸盐水泥或普通硅酸盐水泥，水泥符合国标要求，新鲜无结块。拌制乳液砂浆所用砂需过2.5mm筛，砂子含水率应小于4%，品质满足相关规程要求。

（2）乳液需储存在0℃以上的环境中，不宜暴晒，保存期为2年。施工时一般要求气温高于5℃，当气温低于5℃或预计有雨或雪时，不宜施工。

（3）修补施工前需清除基底表面污物，尘土和松软、脆弱部分，有条件凿毛更好，然后用清水冲洗干净，施工前应使待施工面处于潮湿饱水且无积水状态，在薄层（2cm以下）修补区的边缘，宜凿一道3～5cm深的齿槽，以增加修补面与老混凝土的黏结。

（4）施工前准备好各种容器、拌和及养护等用具，如喷雾器。

（5）施工前要通过试拌确定配合比，计算修补所需材料用量、草包等。确定每次拌和物数量时，要求所拌砂浆能在30～45min内使用完，不可一次拌和过多数量。

（6）拌和时，先将水泥、砂干拌均匀，然后加乳液充分拌和均匀。乳液砂浆应采用人工搅拌，不宜机械搅拌。严格按设计配比准确称量，水泥称量允许偏差小于1%，砂子允许偏差小于2%，乳液、水允许偏差小于0.5%，严格控制加水量，并将流动度控制在规定的范围内，便于施工即可。

乳液砂浆参考配比为：水泥：砂：乳液：水＝1：(1.5～2.5)：(0.25～0.3)：适量。

（7）在涂抹砂浆时，在修补面上需先涂刷一层乳液净浆，并在净浆未硬化前即铺筑乳液砂浆。净浆配比为1kg乳液加2kg水泥，搅拌成浆，拌匀无水泥团。界面处理也可采用混凝土专用界面剂。

（8）砂浆铺筑到位后，用力压实，然后抹面，抹面时应向一个方向抹，一次抹平，不要来回多次地抹，不要二次收光。仰面和立面施工，涂层厚度超过7mm时，需分二次抹压，以免重垂脱空。修补面积较大时，可隔块跳开分段施工。

（9）乳液砂浆表面抹平略干后，宜用喷雾保湿养护或用薄膜覆盖，终凝后洒水养护，潮湿养护7d后，即可自然干燥养护。施工要求避风、避阳，采用喷雾保湿，夜间施工等措施。

（10）施工机具应在施工前后清洗干净，施工完毕机具要及时清洗。

## 4.4 本章小结

围绕高寒区渠道抢险任务及要求，针对高寒区渠道抢险工作难点，通过技术革新，研发了轻型移动式斗式提升机和下运皮带输送机，实现了土方的快速开挖、运输与回填；研制了高寒区渠道快速修复混凝土聚合物乳液。在此基础上，形成了高寒区渠道大面积滑坡险情快速抢险方法与施工工艺，为寒区渠道抢险与修复工作提供了前沿技术支撑。

# 第 5 章 结　　论

　　高寒长距离输水渠道的运行安全面临着诸如水质污染、渗透破坏、边坡失稳和冰凌拥堵等诸多风险。在险情发生后，利用人工沿渠巡视的方式进行风险溯源追踪不仅效率低下，而且难以适应高海拔、严寒的复杂环境和长距离的巡视任务需求。此外，传统的人工风险追踪方式难以调用安全监测、水质水量以及工程结构设计信息来辅助决策判断，且巡检过程难以直观展示给后方管理人员，造成前后方信息的不对等和决策的困难。

　　以北疆供水工程为研究对象，对影响其供水水量和水质的风险因子进行识别，建立渠道水动力模型和水质模型，对渠道滑坡和水污染风险进行分析，并对闸门应急调控和抢险救援进行研究，为高寒地区长距离输水工程的风险溯源提供了一个网络化、可视化、自动化和智能化的解决方案，为提升管理水平，保障工程输水安全和提高风险应对能力提供强有力的技术支撑。

　　(1) 提出了动静信息耦合的供水工程运行安全动态 BIM 构建方法。BIM 的应用着眼于利用信息化手段实现项目全生命周期的精细化管理，其不仅是项目设计阶段静态信息的集合，更应该通过物联网等先进数据采集技术动态集成项目实施过程中实时产生的数据。为此，提出了供水工程运行安全动态 BIM 的概念，将静态的三维几何信息、结构设计信息与动态的安全监测、例行巡检等信息进行耦合映射，通过模型轻量化的手段，实现了动态 BIM 模型在 WEB 端的发布，该动态 BIM 模型的构建为工程安全管理、健康诊断和风险评价提供了集成化、可视化、轻量化的信息模型。

　　(2) 提出了无人机-动态 BIM 虚实结合的增强现实风险追踪方法。针对传统巡检方式缺乏信息支撑、协同性不足的问题，提出了基于无人机航拍实景视频和动态 BIM 虚拟场景的增强现实风险追踪方法。通过虚实相机物理光学参数的匹配模型，推导了基于机载相机参数的 BIM 场景虚拟相机参数求解公式，进而提出了基于 Tween.js 库的虚实联动漫游算法流程。该方法充分利用动态 BIM 中的多源信息对航拍视频信息进行扩充增强，方便管理人员在观察巡检视频的同时快速调取动态 BIM 中的安全监测等信息，从而对风险状况做出更全面的诊断评价，有助于辅助决策和应急方案制定。

　　(3) 提出了渠道工程典型灾害的图像智能识别方法。针对航拍图像取景范围大和灾害照片稀缺的特点，采用特征工程的方法，研究了冰凌拥堵、坠物等典型渠道灾害的图像智能识别方法。针对冰凌拥堵，提出了色彩特征指标 $StV$ 以及纹理特征指标 EP、$\delta$-EHD 和 $\delta$-HOG，训练了基于上述指标的支持向量机分类器；提出了基于图像分割的渠内坠物智能识别方法，给出了 SLIC 超像素分割-区域生长-坠物存在性判断的算法流程；为类似数据稀缺场景下图像分类任务的处理提供了新的技术思路，有利于提高渠道供水风险识别的效率，能及时发现潜在或已发风险，为采取应急响应措施控制灾害损失提供了高效智能的技术手段。

（4）建立了风险因子与事件分析模型，对北疆供水工程风险事件和风险因子进行分析，结果显示：北疆供水工程主要的风险事件有 14 种，影响北疆供水工程供水水量或水质的风险因子主要有 17 种。在 14 种失效模式和 17 种风险因子中，受风险因子影响种类多、其他风险事件影响大的风险事件为渠道滑坡；易影响工程运行的风险因子为冻害、暴雨和融雪性洪水。

（5）应用风险评估模型分析的北疆供水工程人为投毒投药、雨洪入渠、翻车入渠、农药化肥渗透入渠的综合风险分别为 0.0567、0.0344、0.0344、0.0209。建议工程管理人员加强渠道监测，避免各类污染事故的发生，尤其是人为投毒投药事件，另外需要在渠道两旁设置护栏等防护实施，以防止载有有毒物质的运输车等危害物品进入渠内。

（6）构建评价渠道明渠灾害严重程度的指标体系，完成各指标的四级评价标准。构建"目标层-准则层-指标层"三层指标体系，准则层从"破坏程度""破坏趋势"和"退水难度"3 个方面反映渠道边坡破坏严重程度，指标层共包括 8 个定量或定性指标体系；根据工程灾害应急抢险负责单位级确定 4 个评价等级，根据北疆供水灾害特点，并借鉴相关研究成果和上报制度确定各指标的四级评价标准。

（7）综合层次分析法和模糊综合评价模型构建综合评价模型。采用层次分析法确定指标体系中各指标的权重值，准则层中"破坏程度 Q1"对评价结果影响最大占比为 0.493，指标层对综合供水明渠灾害影响程度最大，权重值为 0.260。将层次分析法和模糊数学中模糊算子 $M(\cdot,\oplus)$ 相结合构建 AHP—模糊综合评价模型，采用两级综合评价最大隶属度级别确定灾害级别，制定"一级—地区政府，二级—管理局，三级—管理处，四级—管理站"的应急抢险负责机构确定体系。

# 参 考 文 献

[1] 安莹,李生才. 2012 年 3—4 月国内环境事件[J]. 安全与环境学报,2012,(3):263-268.

[2] Banumol W J,Oates W E. The theory of environmental policy:2nd edition[M]. New York:Cambridge University Press,1988.

[3] Biswas A K. Water for sustainable development in 21 centuries,Address to 7 word congress on water resource[M]. Morocco:Water International,1991,16:84-91.

[4] 蔡正银,朱洵,黄英豪,等. 冻融过程对膨胀土裂隙演化特征的影响[J]. 岩土力学,2019,40(12):1-9.

[5] 蔡正银,朱洵,黄英豪,等. 湿干冻融耦合循环作用下膨胀土裂隙演化规律[J]. 岩土工程学报,2019,41(8):1381-1389.

[6] 陈晨. 南水北调中线工程大型渠道施工技术研究[D]. 兰州:兰州交通大学,2015.

[7] 陈进,黄薇. 跨流域长距离调水工程的风险及对策[J]. 中国水利,2006,14:11-14.

[8] 陈述云. 风险评级统计方法论研究[J]. 统计与决策,2003(4):8-10.

[9] Cheng C Y,Qian X. Evaluation of emergency planning for water pollution incidents in reservoir based on fuzzy comprehensive assessment[J]. Procedia Environmental Sciences,2010,2:566-570.

[10] 程德虎,任佳丽,程永辉. 伞形锚技术在南水北调中线渠坡快速抢险加固工程中的应用[J]. 工程勘查,2018,S1:582-587.

[11] Clemmens A J,Holly Jr F M. Description and evaluation of program:Duflow. Journal of Irrigation and Drainage Engineering[J]. 1993,119(4):724-734.

[12] Desimone R V,Agosta J M. Oil-spill response simulation:the application of artificial intelligence planning technology,in:simulation for emergency management[M]. San Diego:p Society for Computer Simulation,1994:36-44.

[13] 戴文鸿,高嵩,张云,等. HEC-RAS 和 MIKE11 模型河床糙率应用比较研究[J]. 泥沙研究,2011(6):41-45.

[14] 丁志良,王长德,谈广鸣,等. 渠系蓄量补偿下游常水位运行方式研究[J]. 应用基础与工程科学学报,2011,19(5):700-711.

[15] 杜霞,耿雷华. 南水北调中线工程运行风险分析[J]. 水利水电技术,2011,42(3):85-88.

[16] Editors B,Rebbia C A. Water Resources Management[M]. Boston:WIT Press,2001.

[17] 冯文钊,张宏,彭立芹,等. 突发性环境污染事件应急预警网络系统的设计与开发[J]. 城市环境与城市生态,2002,17(1):9-11.

[18] 冯平,闫大鹏,耿六成,等. 南水北调中线总干渠防洪风险评估方法的研究[J].

水利学报,2003(4):40-45.

[19] 冯广志,周福国,季仁保.渠道防渗衬砌技术发展中的若干问题与建议[J].节水灌溉,2004(5):1-4.

[20] 逄勇,徐秋霞.水源地水污染风险等级判别方法及应用[J].环境监控与预警,2009,1(2):1-4.

[21] 高学平,张晨,张亚,郭磊,等.引黄济津河道水质数值模拟与预测[J].水动力学研究与进展A辑,2007(1):36-43.

[22] Grozav A, Beilicci R, Beilicci E. Modelling of Sediment Transport of the Mehadica River, Caras Severin County, Romania [J]. IOP Conference Series: Materials Science and Engineering, 2017, 245: 032030.

[23] 郭建辉,冯利军.基于AHP-熵值法的水利工程施工进度风险模糊综合评价[J].水电能源科学,2016,34(10):137-140.

[24] 郭潇,方国华,张哲恺.跨流域调水生态环境影响评价指标体系研究[J].水利学报,2008,39(9):1125-1130.

[25] 郭永彬,王焰新.汉江中下游水质模拟与预测——QUAL2K模型的应用[J].安全与环境工程,2003,10(1):4-7.

[26] 韩龙喜,蒋莉华,朱党生.组合单元水质模型中的边界条件及污染源项反问题[J].河海大学学报(自然科学版),2001,29(5):23-26.

[27] 韩晓刚,黄廷林.我国突发性水污染事件统计分析[J].水资源保护,2010(1):84-86,90.

[28] 韩延成.长距离调水工程渠道输水控制数学模型研究及非恒定流仿真模拟系统[D].天津:天津大学,2007.

[29] 何武全,刘群昌.我国渠道衬砌与防渗技术发展现状与趋势[J].中国农村水利水电,2009(6):3-6.

[30] 黄东,郑国栋,郑邦民.明渠非恒定流的数值模拟[J].工程设计CAD与智能建筑,1999(10):16-19.

[31] 黄会勇,刘子慧,范杰,等.南水北调中线工程输水调度初始控制策略研究[J].人民长江,2012,43(5):13-18.

[32] 胡德秀.供水系统环境影响风险分析研究——以"引额济乌"工程供水系统为例[D].西安:西安理工大学,2001.

[33] 侯国祥,张勇传,翁立达,等.自然河流中污染物排放的一种远区计算模型[J].水文,2002,22(1):23-26.

[34] Hou D B, Ge X F, Huang P J, et al. A real-time, dynamic early-warning model based on uncertainty analysis and risk assessment for sudden water pollution accidents [J]. Environmental Science and Pollution Research, 2014, 21: 8878-8892.

[35] 姜蓓蕾,刘恒,耿雷华,等.南水北调东线工程运行风险因子识别初探[C].中国水利学会学术年会,2008.

[36] 江永平.环境污染应急指挥信息系统[J].中国环境管理,2002(1):27-29.

# 参考文献

[37] Jiang J P, Wang P, Lung W S, et al. A GIS-based generic real-time risk assessment framework and decision tools for chemical spills in the river basin [J]. Journal of Hazardous Materials, 2012, 227-228: 280-291.

[38] Jia J S. A Technical Review of Hydro-Project Development in China [J]. Engineering, 2016, 2 (3): 302-312.

[39] Jin X Q, Vong S W. Conjugate Gradient Method [J]. Wiley Interdisciplinary Reviews Computational Statistics, 2009, 1 (3): 348-353.

[40] Jing L, Chen B, Zhang B, et al. Monte Carlo Simulation-Aided Analytic Hierarchy Process Approach: Case Study of Assessing Preferred Non-Point-Source Pollution Control Best Management Practices [J]. Journal of Environmental Engineering, 2013, 139: 618-626.

[41] Jones D I. An experimental power pick-up mechanism for an electrically driven UAV [C]. Industrial Electronics, 2007. ISIE 2007. IEEE International Symposium on. IEEE, 2007: 2033-2038.

[42] 康玲, 何小聪, 熊其玲. 基于贝叶斯网络理论的南水北调中线工程水源区与受水区降水丰枯遭遇风险分析 [J]. 水利学报, 2010, 41 (8): 908-913.

[43] Li H Y. Evolutionary Game Analysis of Emergency Management of the Middle Route of South-to-North Water Diversion Project [J]. Water Resources Management, 2017, 31 (9): 2777-2789.

[44] 刘恒, 耿雷华, 裴源生. 南水北调运行风险管理关键技术问题研究 [M]. 北京: 科学出版社, 2011.

[45] 刘冬华, 刘茂, 任常兴. 危险品道路运输泄漏引发水污染事故的定量风险评估方法研究 [J]. 安全与环境学报, 2008, 8 (6): 140-143.

[46] 刘洪喜. 水污染事件频发的原因与对策 [J]. 环境保护与循环经济, 2009, 29 (5): 55-57.

[47] 刘勇, 刘建民, 张建设. 长距离输水工程风险分析研究 [J]. 水利水电技术, 2005 (4): 114-116.

[48] 刘涛, 邵东国. 水资源系统风险评估方法研究 [J]. 武汉大学学报: 工学版, 2005 (6): 66-71.

[49] 郦建强, 王建生, 颜勇. 我国水资源安全现状与主要存在问题分析 [J]. 中国水利, 2011, 23: 42-51.

[50] 陆雪明, 冯明祥, 白霜. 浅谈跨流域调水工程及应注意的问题 [J]. 东北水利水电, 2004, 9: 21~23.

[51] 吕浩, 王超. 重大突发事件的扩散机理研究 [J]. 武汉理工大学学报 (信息与管理工程版), 2006 (9): 7-10.

[52] Merkley G P, Rogers D C. Description and evaluation of program: CANCAL (ASCE) [J]. Journal of Irrigation and Drainage Engineering, 1993, 119 (4): 714-723.

[53] Montague D F. Process risk evaluation – what method to use [J]. Reliab Eng Syst Safety, 1990, 29: 27-53.

[54] 努尔兰·哈再孜, 沈永平. 新疆阿勒泰地区的洪水特性 [J]. 水文, 2014, 34 (4): 74-81.

[55] 庞振凌, 常红军, 李玉英, 等. 层次分析法对南水北调中线水源区的水质评价 [J]. 生态学报, 2008, 28 (4): 1810-1819.

[56] 彭晓明. 混凝土渠道衬砌施工技术探讨 [J]. 湖南水利水电, 2020 (2): 16-18.

[57] P. Rengaraju, S.R. Pandian, C.H. Lung. Communication Networks and Non-Technical Energy Loss Control System for Smart Grid Networks [C]. IEEE Innovative Smart Grid Technologies – Asia. IEEE, 2014: 418-423.

[58] Qiu C J, Lei Z, Shao A M. An explicit four-dimensional variational data assimilation method [J]. Science China Earth Sciences, 2007, 50 (8): 1232-1240.

[59] R Santos, A A Costa, A Grilo. Bibliometric analysis and review of Building Information Modelling literature published between 2005 and 2015 [J]. Automation in Construction, 2017, 80 (8): 118-136.

[60] Wytze Schuurmans. Description and Evaluation of Program Modis [J]. Journal of Irrigation and Drainage Engineering, 1993, 119 (4): 735-742.

[61] 陶亚. 复杂条件下突发水污染事件应急模拟研究 [D]. 北京: 中央民族大学, 2013.

[62] Wang J, Sun W Z, Shou W C, et al. Integrating BIM and LiDAR for Real-Time Construction Quality Control [J]. Journal of Intelligent and Robotic Systems, 2014, 79 (3-4): 1-16.

[63] 王凤林, 毕彤. 沈阳市突发性环境污染事件应急地理信息系统 [J]. 环境保护科学, 2000, 26 (2): 8-10.

[64] 王惠中, 宋志尧, 薛鸿超. 考虑垂直涡黏系数非均匀分布的太湖风生流准三维数值模型 [J]. 湖泊科学, 2001, 13 (3): 233-239.

[65] 王小东, 贺永会, 鄢俊, 等. 渠道渗漏成因和修复技术进展 [J]. 岩土工程学报, 2016, 38 (S1): 21-24.

[66] 吴小刚, 尹定轩, 宋洁人, 等. 我国突发性水资源污染事件应急机制的若干问题评述 [J]. 水资源保护, 2006, 2 (2): 76-79.

[67] Woltemade C J, Potter K W. A watershed modeling analysis of fluvial geomorphologic influences on flood peak attenuation [J]. Water Resources Research, 1994, 30 (6).

[68] 徐虎城, 徐进忠, 高强. 严寒地区长距离输水渠道滑坡段排水方法 [J]. 水利水电技术, 2014, 45 (6): 41-42.

[69] 许静, 王永桂, 陈岩, 等. 中国突发水污染时间时空分布特征 [J]. 中国环境科学, 2018, 38 (12): 4566-4575.

[70] 严祖文, 彭雪辉, 张延忆. 病险水库除险加固风险决策 [M]. 北京: 中国水利水电出版社, 2011.

[71] YEN B C, ANG A H S. Risk analysis in design of hydraulic projects [C] //CHIUC L. Proc 1st inter sump on stocha hydrau. Pittsburg: University of Pittsburg, 1971: 694-709.

[72] 杨海东, 肖宜, 王卓民, 等. 突发性水污染事件溯源方法 [J]. 水科学进展, 2014, 25 (1): 122-129.

[73] 杨家宽, 肖波, 刘年丰, 等. WASP6水质模型应用于汉江襄樊段水质模拟研究 [J]. 水资源保护, 2005, 21 (4): 8-10.

[74] 杨元红, 龙云宝, 赵应武. 山区长距离输水渠道防护研究 [J]. 黑龙江水利科技, 2018, 46 (6): 140-142, 160.

[75] 张春玲, 付意成, 臧文斌, 等. 浅析中国水资源短缺与贫困关系 [J]. 中国农村水利水电, 2013, 1: 1-4.

[76] 张佩. 基于经济损益分析的突发水污染风险评估及应对策略研究 [D]. 哈尔滨: 哈尔滨工业大学, 2015.

[77] Zhang C, Zheng C, Huang Y H, et al. Laboratory and Centrifuge Model Tests on Influence of Swelling Rock with Drying-Wetting Cycles on Stability of Canal Slope [J]. Advance in Civil Engineering, Vol. 2018.

[78] Zhang L, Li S S, Loaiciga H A, et al., Opportunities and challenges of interbasin water transfers: a literature review with bibliometric analysis [J]. Scientometrics. 2015, 105 (1): 279-294.

[79] Zhang X J, Qiu N, Zhao W R, et al. Water environment early warning index system in Tongzhou District [J]. Natural Hazards, 2015, 75: 2699-2714.

[80] Zhao Z Y, Zuo J, Zillante G. Transformation of water resource management: a case study of the South-to-North Water Diversion project [J]. Journal of Cleaner Production, 2015, 8 (66): 1-10.

[81] Zheng C Y, Peng H, Liu S L, et al. Application Research on the Temperature Control and Crack Prevention of the Large-scale Aqueduct in China's South-to-North Water Diversion Project [J]. 2012 International Conference on Modern Hydraulic Engineering 28 (2012) 635-639.

[82] 钟名军. 数字河道水质预警预报研究及应用 [D]. 武汉: 武汉大学, 2005.

[83] 周娟. 南水北调深挖方膨胀土渠坡抗滑桩作用机理分析 [D]. 长沙: 长沙理工大学, 2014.

[84] 周维博, 李立新, 何武权, 等. 我国渠道防渗技术研究与进展 [J]. 水利水电科技进展, 2004 (5): 60-63, 70.

[85] 朱德军. 南水北调中线明渠段事件污染特性模拟方法研究 [D]. 北京: 清华大学, 2007.